文化生活叢書‧藝文采風

哲思的原點

——甦醒小院

甦醒　著

目次

前言
相贈與您的是我的期望

總想送給人們一些與事實、人心、快樂相干的東西，之所以那麼說，是因為這現實裡的虛偽、扭曲、欺凌、沉溺已經過於氾濫，而人的一生又是如此的短，往往是一不小心就幾乎全錯過了。

我所以還很費了一番功夫，努力的要用最精練的文字來做成最清晰明瞭的一本書，以便大家來讀。但是，等到要捧出來卻猶豫了，因為我分明看見讀書之對於大多數人的生活已經越來越不相干，以及遇事應有的思考也已經很少有了，我所以很有些沮喪，於是使勁兒寫〈引子〉，殫精竭慮的要抓住讀者的眼，以使他不致掃個三兩行便把我的書放回書架上去，──於是就寫了很多，也寫得很苦。後來終於挑出風格不同的三篇來定選，卻又忽然發現其實是一個整體，於是全部裝上去，成了哪吒──三個腦袋了。

我向來不以新奇為非的，只要立念不錯，又認真誠實的，便理直氣壯。當然這並不是有意佔用您寶貴的時間，而是方便於選擇，用您喜歡的方式請進門來。

我是一個極簡主義者，因為覺得一個人不管是一生顯貴還是命運多舛，都不該耗費太多的時光在無謂的事情上，畢竟一世的光陰是非常有限的。很希望年輕人更早的獨立，早一天認清世界，把握自己，用更多的青春熱血去創造屬於自己的新生活，我以為，那樣的人生才更有意義。

關於人、自然、族群以及智慧，這本書是一些解釋，或者說明。不屑說只是蜻蜓點水吧，但卻希望是一個發端，而更寬的路，則寄望於年輕人，親自去踩出來。

引子

一

不忘處子之心

十七歲的時候，是開始苦惱的年紀，生活中處處的不如意，找不到出口，很壓抑。

時值寒冬，晚飯後的時間，鄰家孩子們喜歡湊在一起笑鬧、打紙牌。當時是聚在一個蒸饅頭的大房子裡——不過是為了暖和些。

其間有一個老叟來借宿——是個卜師。他頭髮幾乎全白，高大，很瘦，但面色極好。幾個十多歲的孩子頑皮，要動他的竹筒，他按住：「小孩子家，不要亂動，你看，天黑了，它也要休息了。」

於是又讓他看相，這個讓看痣子，那個讓看手相，更有一個撅起屁股來讓他看看是不是主貴，惹得滿屋子人都笑起來。

我因為看到老人有些疲憊，況且覺得太不尊重，於是走上去將大家轟散去。

老人的表情一直很平靜，不怒也不笑，那時卻突然深看了我一眼，憐惜似的說：「你得四十五。」

意思是說我四十五歲以後才能發達。切！實話說，我當時真的是不領情了，我只才十七，正有沖天的豪氣隱忍，四十五！不是說我一事無成了？

心裡不服氣，但卻不好言語，之後，便極盡努力、刻苦學習，並為將來的一定成功計，完全堅持光明的方向，我絕不相信什麼狗屁的命運能壓我三十年——要證明給他看。

但生活也就從此變化，學業的挫折、事業的坎坷、婚姻的災難、孩子的病痛，像一張網將我牢牢罩住，卻無論如何不得掙脫，而所有

的真心、誠意、努力皆事與願違。無處訴說，或沒有人信，無處求援，或沒有人幫——我掉進骯髒的漩渦裡了。

很多次絕望，又不甘，因為分明積聚著恨，運命，它欠我一個說法，而我，正要揭它的皮。

總有些自以為德望的長者來教誨：「改掉吧！跟大家一樣，就好了！」

而我輕笑：「好好的人，改什麼？」

四十歲的時候，在農貿市場做賣書報的小生意，已是相對的好些了。有人拿了書來代賣，叫做《命理高速路》的，是很薄的小本，印刷與裝幀都不好，大概的翻兩頁，覺得有些道理，於是再而三的看兩眼，竟看完了，我於是從此發見了端倪，開始找相似的文字，一步步的研讀起來。

大概過了一兩年時間，當我在漏洞百出的各種版本間對比、篩選、驗證，直到覺得似乎終於明白的時候，內心卻倏忽沮喪起來——命運固然有，但所有曾經的苦難，並不對應將來的幸福；所有不堪的屈辱，並不對應將來的榮光；勇氣與豪情，也不能最終決定結果——命運竟是一個無賴。

宏大、精微、變幻、機巧，是之所以沒人鉗住它，從而給人們一個完整展現的原因，它太複雜。

許多人對它不屑——當然便不會懂，所以只能追逐於世界表像而不能看到事實本質；許多人敬它如神——其實只看到些基本的原理，便止步不前，以為萬物由天，須聽天由命。其實都不對的，而所謂命運的機理，仍然不過是一種固有的規律，只是必用超常的毅力、勇氣與智慧才能勝它。

關於人生的意義、價值、信仰、理想，關於自然的原理以及文明的方向。一直想有一本書，是用了最精練的文字、最通俗易懂的語言

給世人用，但是沒有，只好自己寫。

　　轉眼就是十年，到今天，這時機也似乎正恰了，所以，這本書來到這裡。

二
哲思的原點

　　世界是強者的世界，的確，它創造了骨架，但缺少文明的血肉。

　　為爭勝而粉飾的皮毛算不得文明，為貪利而喪失尊嚴的攀附也根本不是智慧，——的確，一切反自然的東西終歸都會成為垃圾。

　　你和我，任何時候，做為一個生命體，觀察世界並有的放矢的作為，應該算是理智的吧？但現實卻往往虛假，總讓人一步步踏空，所以不得不——是不是學習一點知識，或鍛煉一下自身，或進行一些思索，尋找突破的出口呢？

　　今天，當你拿起這本書，我直接告訴你吧，這不是一本尋常的書。雖然只有幾萬字。——的確，幾萬字就夠了。但卻能從客觀簡單的道理入手，由淺入深，帶你認識這世界，找到最初的根，看見將來的果，以及掌握身邊最實用的方法，過清晰、自然、輕鬆而又快樂的日子。不用懷疑，也不用擔心，一切都沒那麼複雜，什麼大千世界的種種，不也只有七種顏色？——是的，只要邏輯不錯、路徑正確，一切都會有清晰的結果。

　　人類有文字記載的歷史不過幾千年，一直到今天，還是尖端進化的少，落後愚鈍的多，你看，就是現在，同為生物學意義上的人，有的人已經登上太空或者普惠世界了，有的卻還是蟲豸一樣，只追求滿足於最原始的本能。居在中間的人群當然很龐大，可惜也正在迷沌、掙扎、傾軋或相互殘殺，——的確，這世界很需要來理一理了。

　　誠然，解決任何問題，第一步，首先要跳出來看，從足夠遠的距離看問題的全貌，然後一步步靠近、一層層分解、一點點理清。當然也還要從事物的本質核心向外拓展以建樹將來。面向將來的，我的以為，邏輯上可以適當鬆散，思維空間上也可以儘量放大，結論並不一定要即刻證實，而只要合乎邏輯就可以了。也許你會因此發現思考其實是一件非常有趣的事情，並且這世界，也會因此而讓我們感到非常的神奇。

　　愛因斯坦說：「一切都是安排好的。」但是，他為什麼那麼說呢？是不是發現這世界的奇妙簡直像精心設計的一樣？實話講，我現在還回答不了這問題，所以只好保留兩種答案：

　　一、不！這世界不是被安排好的，而只不過是我們特別的幸運，偶然的成了那個億萬分之一，所以看起來非常神奇。

　　二、對！宇宙中早有高級智慧生命存在的，就像我在〈三度——鏈接——時空的路口〉中所說的那樣：「那個高級智慧生命是可以窮自然之理的，當不可抗的災難降臨時，他便做一個胎胞，把自己植入其中，就像一粒種子走過冬天，當春天來臨，他便重新萌芽、長成。」現在，這個「胎胞」就是太陽系，生命在其孕育中誕生、進化，到今天長成人類的樣子。人類優秀的基因漸漸聚合（——漂亮或富有魅力的，也是健康和擁有智慧的，他們會尋找更優秀的配偶結合），當終於有一天——並不用很長時間——所有優秀的基因凝聚於一體的時候，就是當初那個「高級智慧生命」真正的「涅槃」了。

　　世間好像所有事都是不能絕對的，我所以還留下後手，接下來說了「不一定」⋯⋯

　　對於未來，如果可以進行一些富於邏輯的推斷，我覺得是有非常趣的，因為接下來就可以驗證，要麼是驚喜，要麼發現新問題。

　　對於現實，即使是看上去萬難解決的問題，當我們思考，只要遵循於邏輯，也根本沒有不能解決的。也許很多人會憤憤的說這世界就沒有邏輯，不，尤其是對於事實方向的認定，任何時候都不要放棄冷靜，所有事物的存在與變化都是有邏輯的，只是你沒有找到，或暫時不能理解罷了。

　　很多人是勤奮的，並且頗有膽量和勇氣，我所以即使在清冷的小院裡也對將來有著無限的期許。今天，當終於有一種叫光纖的東西可以傳遞光，我想，如果哲思也可以成為星星之火，那麼，這世界的光明就一定不遠了。

三
甦醒小院地圖

很多人會問一大堆問題，包括我自已，從十八層地獄到九霄雲上，再從鴻蒙之初到未來之末，又從一已之念到眾心所往，反覆問，便覺很煩，於是想，若果寫下來，放那裡，再來問，便努努嘴，算是作答，豈不省事？

一　一切之始，要想實際，任何人，首先必須真切的瞭解我們生存的這個世界

（影子）這話說的！世界怎麼了？不真了似的！

當然，世界是真的，世界上的假也是真的，這假是人製造出來的，並且很多。有的是因為愚鈍不知，有的卻是誠心要騙人。

（影子）其實，本來，倒無謂。事實就在那裡，而我想知道的，是能說出真話來的人，在哪裡？

當然，首先是上進的人群，然後是人群中的智者。

（影子）就好了麼？

不，時間不止，一切都在變化，只是那裡更加清明一些罷了，沒有人能穿越時空，誰又敢說找到了終極的真理呢？

但每一個時代，那些文化的精英、光明正大的智者、寬厚仁慈的長者，甚至狡詐陰險的小人、無惡不作的強梁。不屑說，為私利的，難免會爭奪，但為其後人的——如果尚清醒，卻可以拋開個人恩怨與自身偏見，盡可能的與後人清明世界。他們對後人的教育一定是儘量

客觀真實的，激勵一定是儘量積極向上的，分析事理一定是儘量力求公正並且清楚明瞭的，因為，他們愛孩子，希望孩子有好的前程，這是本能。同時他們知道，一切道理必被現實檢驗，扭曲錯誤的東西早晚要繞回來歸正。

（影子）那麼，我們應該讓孩子學什麼呢？

當然是人世間最為真實並積極的道理，可以使我們興旺和長久的，而不是目光短淺的厚黑，或窮奢極欲、貪求浮名的狹隘。我們愛孩子，我們的孩子也愛孩子，我們愛他們所愛，所以這人間應該是連續、漸進又健康的傳承。

（影子）那麼，不遵循於此的呢？

則會被淘汰。

二　智慧即範圍內的所有種可能

智慧即範圍內的所有種可能，它作用於自然，同時被銘記，我們若尋找，便會找得到。

那麼我們來看看眼前的這個世界：

好像紛繁蕪雜又奇妙無比，但如果將它細細的拆分開來，每一個部分又都是那樣的簡單，每一個智力正常的人，如果捨得一些精力和時間，都可以學習並掌握它。所以說，假如一個人的智力正常，生命足夠長，那麼他就可以無所不能——可惜不是。但人是能計畫、懂合作、會傳承的精靈，他能夠把不同時空下的能量和資源攢集起來——所以它統治世界。而更發展到一定程度，他甚至可以像雞蛋孵出小雞來，發生質的變化而最終改變這世界。

那麼我們個人呢？什麼才是與我們個人直接相關的？我們又應該如何審視周遭，正確且堅定的出發呢？

　　其實，此刻，我的文字出現的有些遲了，也許還沒等你看到，現代科技已將我的所想全部解開，這本書甚至已沒有存在的必要。

　　那麼，這本書說的，尚且是現代科技不能解釋的麼？

　　是的，有一些還不能，現代科技的發展其實受到社會文明方向和現實需要的影響，比如戰爭會促進戰爭理論、戰爭科技和武器的發展；社會健康風潮會促進保健器材、健康理論、醫藥的發展。而近百年來，因為現代科學技術的飛速發展，爆發式的呈現它神奇的魅力，老祖宗的東西──為揭示自然奧秘，通過數千年觀察、推理、總結，能夠宏觀解釋世界的術數（在中國古代被稱為陰陽學，在西方被稱為占星術，包括易經、相術等）卻因為扣上了迷信的帽子被長期的雪藏了。

　　　　　　　　　　　　　　──注意，這不是一本關於算命的書

　　其實，應該說，人的一生是被兩條線把控的，一條是命運基礎，一條是自我建樹。而真正的智者是應該同時把握的。即，既不可只相信命運而隨波逐流，也不可只專注於時事而不結合自身的根基本質。但事實卻往往是：愈是年少，被根基本質決定的時候，愈拒絕承認命運而追逐時尚；愈是年長，能夠看清世界並把握時機的時候，愈畏懼於命運的力量而隨波逐流，──可惜了！

　　「自身的根基本質，是什麼？」

　　是的。但是，你有沒有想到，那裡應該不是一兩句話就可以說清的答案，而是一個集合，那麼，你準備好了麼？

　　那麼，先來瞭解一些基礎吧，或者學習一些簡單的方法。

　　出於動物的好奇心，每一個人都有探索未知世界的願望，但從我們的孩童時代──迅速認識世界卻少有人指導的時候，並不能分辨哪些是對的，哪些是錯的，而只能一股腦的接受，所以，其實是很危險的。關於自然的，是我們生存的世界，當然要學。但關於社會的，比

如「應該如何做人」之類，就不一定，──包括我的這篇文章。因為直到現在，人類社會的文明還很不堪，甚至我們的父母還不識字，大街上也充斥著雜亂的聲音和暴力，也正因如此，愚昧的或邪惡的人才理直氣壯，說著為你好，其實卻會帶你入歧途。而你因為年幼無知，便很容易受攜……總之，幾乎每個人都會走一些彎路，但如果誰因此虛耗了太多的生命，那麼他的人生就會註定一事無成。

那麼，怎麼辦？

那麼，靜下心來吧，避開俗人的纏繞，認真來看世界：

人是自然的產物，是大自然億萬年進化來的精靈，人生於自然亦依賴於自然，獨立於自然亦通應與自然，各有其質亦各有其能，各有其勢亦各有其用。遺傳與環境決定其基本屬性和命運；教育和時事影響其人生方向與作為；價值觀決定幸福感；認知與努力決定人生價值。

每個人都不一樣，但每個人首先必須懂得常識：

世界是怎樣的世界？自己從哪裡來？攜帶著怎樣的基因和特性？先天的基本命運是怎樣的？在現實社會中應該怎樣選擇以發揮自己的能力、創造應有的價值、得到應有的幸福？

能讀到這裡的，不錯，您很幸運，現在可以去讀正文了，從〈拋開繁亂的網　打開智慧的門〉開始，然後讀文末推薦的文章，直到把推薦的文章讀完，然後回來我們接著聊。

三　找見發端，可造未來

任何問題，不管如何難，都要從簡單的地方入手，逐步深入，當複雜到進行不下去時，便回到簡單的最初，然後再一步步深入，如此反覆，當你足夠熟練已知的，未知的部分就會自然的暴露出來。

現在我們要解析的是眼前的世界，你不能說它不複雜，但卻完全

可以認為它很簡單，首先，人是能夠善於總結的，一下子說不清，就給它一個大概，一包袱收羅，也未為不可。次則，世界雖然大，關係到每個人的那一部分其實很少，或者也可以這樣說：一般意義上來講，一個人——包括每個人，一世的作為都非常有限。那麼，怎樣發揮我們更大的作用呢？

這就必須要進入事物本質的深層，用有限的力量作用於事件產生的發端或樞紐，在某些關鍵環節上起作用。

那麼關鍵又在哪裡呢？還是先要學習——瞭解世界。

瞭解世界，讓我們從拿起一顆小石子開始，在我手裡的石子，我能看到它，是因為它可以反光，因為有一定密度和品質，它也可以反射其他波，因為小，有的波也可以穿過。它因為受地球的引力而具有重量，現在被我的手托住，我能感覺到有一點沉。雖然它只是一塊沒有生命的小石子，但它仍然有自己的能量，它一樣有自己的引力，它同樣可以發出自己的波，與周圍環境裡所有相關的一切波交織、碰撞、作用，雖然它很小，但卻絕對不可以抹煞，因為它是世界的一部分，存在與否影響整個世界，因為物物相關，因為事事相聯（某種意義上說，這也是世間萬物一切平等的原理）。此時，這顆石子不但存在於你的手中，它同時存在於宇宙之中，周圍有磁場、電場、力場、光場，有各種名稱的波碰撞、影響，各種因數的隨時變化，一刻不停——而世間所有的一切就是這樣聯繫起來的。

兩個質地、品質、結構完全相同的物體，會釋放完全同樣的資訊（包括各種波以及對環境的作用），即使存在於不同的空間，然而通過介質的傳導——其實起了傳遞的作用，兩個物體之間一定會產生某種感應上的聯繫。如果其中一個發生變化，那麼另一個的感應也會隨之變化，如果它是沒有生命的，其實我們不能測量這種變化——這便是自然科學的拘限。但如果是有生命的——比如一對雙胞胎或親緣關

係比較近的人——因為有近似或相同的基因，這種感應上的聯繫雖然不能在人的大腦中形成意識並被表述出來，但很可能會在人的身體感覺上或者通過其他方式——人的神奇大腦形成的夢——表現出來——當然這夢是經過「演化」了的，只有經驗豐富的精神分析學家才能在其中找到些許端倪。

　　——世界是隨時變化的，世界又是渾然一體的。

　　那麼其他呢？當我想知道一些事情，怎麼辦？

　　那麼，去問好了！就像要知道水的深度時投下一顆石子，觀察它的表現來做出自己的判斷；或者拿尺去量；或者潛到水底去親自探究，都可以。

　　——此時，你可以去轉轉，隨便看書裡的文章，直到轉夠了，再回來。

　　人是神造的嗎？

　　當然不是，而只是大自然中必然產生的偶然而已。當物質在運動中結構變得複雜起來，可以在一定環境下保持，在受到外部激發之時能有相應的反應，便是有了功能。當有功能的東西可以在運動中結合並產生新的功能，便成了功能團。當功能團可以複製自己，便可以稱它是生命。生命體進化並擴張，當產生了擁擠，便弱肉強食。當面對變化，便會物競天擇。人，便是生物不斷進化的一個結果。

　　做為最具智慧的動物，人已經可以做到很多，他為這世間萬物命名、分類、比較、推論、組合、總結、改造、創新，建成這繁華世界。也可以為自己創造生存空間，將空間不斷擴大，向更高的維度發展，把自己變得更安全。理論上講，自然皆可以被利用，世界亦可以被掌握，只是，文明要發展的足夠久。

　　那麼將來呢？

如生命的誕生，可以有更多奇跡——人類可以開始蠶食自然，一層層打破原有的界限，漸漸龐大甚至無所不能起來。

那麼，誰是創造？誰決定結果呢？

答：人心是創造，時間決定結果。

心，可以推陳出新，即創造。心願即事物的發端，因為心動，所以形動，而萬物隨動，又孜孜以求，所以得到。

不是唯心了麼？

的確，順著光明的方向，當你選擇了目標，當你一心嚮往、堅定不改，當你一直為其積聚所需，你便擁有了超越現實的力量。而此時回頭看，所謂的當初的命運，已只不過是你脫下的殼，而更大的空間來自於你對生活的創造。

此時，請問你想到什麼？是否有了一些設想、幻想、甚至狂想？對的，這正是我想要的。

進化永無休止，時間決定結果。就像你拜訪一棵樹，在春天看見花，在秋天看見果，在冬天便只能看見光禿禿的樹枝了……

終於，當有一天，你驀然懂了，於是在寒冬來臨之前留下種子，於是，你涅槃了。

就像我在〈三度——鏈接〉中說的一樣：

故事並沒有結束，這裡只是一個出口，更多的出口在文字中間，甚至是另一個空間的入口，你須自己尋找……

正門
—— 大道即來繁化簡

一

拋開繁亂的網、打開智慧的門

　　魯迅先生說：中國文化之根在於道家，其實，世界文化之根也在於道家，當然並不是裝神弄鬼的那些糟粕，而是發根自然、永於探索的科學精神。

一　開篇

　　現代科技告訴我們，人只是浩瀚宇宙之中一個藍色星球上的小生命，經過長時間的進化，時至今日，已經擁有了相當的文明，知道怎樣可以用這自然的資源製造繁華以及如何的享受了。但很久以前，在人類社會原始的當初，科技也還未有發展之時，當人們試圖認識自己生存的這個世界，卻又不能用充分的理據去說明它時，面對許多不解的自然現象，人們便假想有一種能力無邊的神的存在，人們非常的畏懼它，並而引發敬仰和崇拜。漸漸的，隨著文化的發展，人們不斷賦予它能力和思想——其實為人類理想的映射。結果，在漫長的人類文化發展過程中，不同地域的人們便創造出了大大小小、各自不一的屬於他們自己的神——最初的宗教領袖。

　　雖然當初的「有神論」今天看起來甚至有些天真，但在其歷史條件下，這種以精神創造為基本形式，逐漸形成其價值體系的理論架構——宗教精神，卻為當時的文明發展起到了無可替代的積極推動作用，是其歷史條件下文化發展的必然產物。

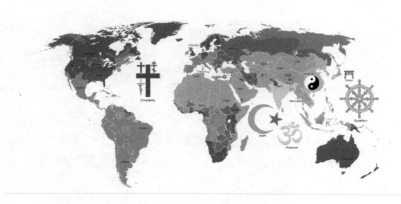

世界宗教分布

　　近代，隨著現代科技的飛速發展，當人類登上月球並不曾看見嫦娥，或深入東海並不曾尋見龍王，人們開始徹底否定傳統文化中的「有神論」了，於是，在傳統文化中尋找真理的人們，便將與神有關聯的部分完全的剔除掉了，但值得注意並非常可惜的是，傳統文化中的瑰寶──術數，因為也曾被術士們故弄玄虛吧！帶上了神的色彩，而且現代科技又不能解釋，也被主流人群等同於迷信，一概的否定了。

　　好在，客觀存在的東西是不會因為人們的取捨而消失的，隨著術數學研究的逐步深入以及現代科技的飛速發展，人們漸漸發現術數（陰陽五行理論）與現代科技並無相悖，許多方面還起到了互為助益的作用。於是近年來。雖然已是現代文明社會，許多人卻又漸漸傾向了世間有神的論調，認為如果不是有神靈的存在，諸多的現象簡直不可思議，比如卜術、巫術、相術、八字、風水、奇門、因果報應、修身革運等等，這麼多神奇怪異的東西，沒有神靈的執掌，這一切，怎麼可能？為什麼？當然，這又是走回了原來的老路，仍然是因為一時無法解知而產生的困惑以及困惑之下的不正常釋放，但困惑可以有，臆斷卻往往是錯誤的。那麼今天，在這裡，我想說的是：

　　世間無神鬼，道法本自然。

　　並且我會解釋。是的，我們是被一種無形的巨力執掌著，它無處不在又細緻入微的影響著我們的生活。但它並不是傳統意義上的神，而是一種未被現代科學完全剖解的自然現象，其實它同我們身邊的風霜雨雪本沒有什麼兩樣，只是它更深奧一些，所以人們也解開的遲。

　　那麼，做為這本書作者的我，是否已初步認識了它，並且已經盡可能的利用了它呢？回答是肯定的。所以接下來，請看我的：

（一）天賜與乘勢

　　（但是朋友們！如果你來到這裡，我將不得不告訴你，下面的文字會有一些艱澀難懂，但這是沒辦法的事，因為我不能一句話把一個足夠大的道理說得清楚。所以我建議您：一，可以分多次來讀。二，疲倦時可以先繞過它，讀些我其他輕鬆的文章，等精力好些時，再回頭繼續讀。）

　　大家知道，人與其他動物相比，有著明顯的諸方面優勢，從生物進化論的角度來看，人類的進化史中也存在著明顯的斷層，所以總會有人以為：人能生的如此優秀，不可能只是生物進化的結果，一定是外星生命的後裔。但我們也應該懂得，一切事物的發展必然會出現偶然，正是生命進化中無數的偶然，所以才造就了這七彩紛呈的大千世界。從進化上說，人類與其他靈長類的距離並不遙遠。只不過人類有幸成為了其中的佼佼者而已。

　　幾乎所有人都知道有相術這回事，相士能夠根據一個人的體貌特徵，以及不自覺的日常行為特點以至聲音等特徵判定他的基本命運、性情、近期運勢。準確率幾乎達到令人難以置信的地步。乍看之下，

也許你覺得不可思議，但它的道理卻簡單的如同植物學家審視一片葉子一樣。

　　植物學家運用生物進化的原理，能夠通過植物的外部特徵推斷出它們的諸多資訊。比如它是由什麼進化而來，什麼年代出現在什麼地區，會開什麼花、結什麼果，生長習性、繁殖方式、生命週期，現在分佈的範圍以及不同分佈下的個體差異等等。

一切生物都是自然創造的

　　精明的相士們也利用了相同的原理，他們通過對人類體貌、顏色、聲音、不自覺的行為特點的長期觀察，經過收集、整理和總結，也可以從一定程度上推斷一個人性格和未來發展趨勢。並且人，這種大自然的精靈，他們的生命資訊更全面、更顯露。當你素顏朝天，你的面部所包含的生命資訊已呈現在世人面前——面相；當你向相士伸出手掌，你已將你的生命資訊無覺奉上——手相，當你一動一靜、一笑一顰，每一個形動，每一次情動，每一次發出的聲音，亦無不向這個世界洩露著你的生命資訊——體相。也還有出生時間，即四柱或稱八字，同樣包含巨大數量的生命資訊。而其中最令人詫異甚至驚奇的

是，每一種方法都可以推斷人的基本命運，結果當然相同或類似，而通過多種方法綜合推斷的結果又是更為確切的。

人類研究自然萬物，也研究人及其人與自然的關係，成書於二千多年前的《黃帝內經》，是一部蘊含著豐富哲學思想的醫學巨著，是中國中醫理論的基礎和源頭，它從「天人和一」的角度論述了防病，治病，養生的基本原理和方法。指出宇宙運動為萬物化生之本源，人是自然之子，是得「五行之全」的萬物之靈。人的頭軀四肢、五臟六腑、十二經脈、三百六十五氣穴以及全部的一切，都是宇宙運動化生的結果——我們把這種化生的力量暫稱為宇宙原動力。

在臨床施治中，尤其在針灸的運用上，古代高明的醫士往往結合時空（即時間和空間，時至今日，人們依然使用干支計時法，利用其中所包含的資訊因數判定其時的空間狀態）的變化以及病人先天秉性的不同而分別施治，其效用甚至可以達到出神入化的地步……

說到這裡，也許很多人會疑惑起來：中醫的神奇已然難解，怎麼又與時空扯上關係了？人的「先天秉性」又是什麼意思？說到這裡，就不能不說到我們的家園——這個包含一切所有的大千世界。

我們生活在平原、丘陵或者高山，這一切，屬於人類共有的地球，地球是太陽的行星，它圍繞太陽公轉並自轉，月亮是地球的衛星，它圍繞地球公轉並自轉，月亮與太陽的引力能引起地球上的潮汐變化，太陽黑子的爆發會使地球的通訊中斷。這說明，地球環境不但受其他天體的影響，而且這種影響非常之大。其他太陽的行星如金星、木星、水星、火星、土星，因為圍繞太陽公轉週期的各各不同，總是處在地球不同的空間位置，所以也必將在不同的時間對地球產生著隨時變化的影響。

為說明問題計，這裡，我們先定義一個名詞——

（二）天賜

天賜，即人類與生俱來接受資訊的總和。其範圍可逐漸從星系中的星球環境，星球上的地理環境，地理環境中的社會環境推演到社會環境下的家庭環境以及家庭環境下的妊娠環境、出生環境、成長環境等等。這所有的客觀存在都不是我們可以選擇決定的，所以我們姑且稱之為天賜。其包含的內容各自如下：

> 星球環境：包括星球間引力，斥力，光，粒子流，波等；
> 地理環境：指高低，寒暖，燥濕，磁場等；
> 社會環境：指社會體制，科技，物質，文化教育等；
> 家庭環境：指社會關係，遺傳基因，家庭成員以及影響，營
> 　　　　　養等。

每個人領受的資訊與時間串接形成的四維資訊集合，便是我們每個人獨一無二的天賜。天賜給了我們一個基本固定的人生起點和通道，即我們平常意義上所說的命運。它決定我們周圍的環境及其變化，也決定我們的體貌、性情、潛能以及流年運程等。但人類終究是高級動物，發展到一定時期，會反過來認識並改變命運。這也就是為什麼天賜相近的人，因為其個人思想的差異，其命運並不相同的原因。那麼，其「個人思想的差異」從哪裡來呢？又是怎樣影響人的命運的呢？就讓我們再來定義一個名詞──

（三）乘勢

乘勢，即人們認識世界並改變命運的高級智慧活動。某種意義上說，乘勢是人的天賜因素加減乘除的結果，有一個大概的輪廓。但當

人類文明發展到一定程度時，人們會在相當程度上給命運（即天賜）一個反作用力，從而使自己的命運發生變化。比如此時，我們就在研究著它，並可能隨時做出不同的選擇。那麼從這一刻起，請自問，我們應該選擇些什麼呢？我們真的是那個善於把握智慧，少走彎路的人嗎？

看我們的天賜，這樣一個海量的資訊，哪裡做起點？如何運算？的確，我們的電腦技術已經是非常的發達了，我們也相信它終會有實現「神算」的一天，但此時，卻是暫時不能的。最切實可用的方法，還是應該去學習前人的智慧，等找到些原理和方法出來，有些根基之後再來剖解。

古時候，也還沒有什麼科學的技術，人們只能通過觀察，總結的方法認識自然，解釋現象。當他們發現世界有日夜、寒暑、燥濕、高低等對立的兩個方面（即事物的兩面性），於是將它們定義為陰陽。當他們發現陰陽在一定條件下可以相互轉化並呈現五種基本屬性：

> 寒冷，向下，滋潤，潛藏。
> 向上，生髮，茂盛，條達。
> 炙熱，燥烈，張揚，勇猛。
> 敦厚，包容，納藏，承載。
> 冷硬，剛強，堅銳，殺伐。

於是分別用水，木，火，土，金代表它們，即五行。五行的字面含義，即是確指，也是泛指，比如削竹為劍，則其被削琢之時為木性，在穿戳木性之物時為金性。或如鋼鐵，在殺伐它物之時為金性，而在被裁削之時為木性。五行之間因為屬性的不同有著生（生助），克（殺戮），制（制約），化（轉化）的關係，如下所述：

水生木，木生火，火生土，土生金，金生水。
金克木，木克土，土克水，水克火，火克金。

金賴土生，土多金埋；土賴火生，火多土焦；火賴木生，
木多火滅；木賴水生，水多木漂；水賴金生，金多水濁。
金能生水，水多金沉；水能生木，木多水縮；木能生火，
火多木焚；火能生土，土多火晦；土能生金，金多土弱。
金能克木，木堅金缺；木能克土，土重木折；土能克水，
水多土流；水能克火，火炎水幹；火能克金，金多火熄。
金衰遇火，必見銷熔；火弱逢水，必為熄滅；水弱逢土，
必為淤塞；土衰逢木，必遭傾陷；木弱逢金，必為斫折。
強金得水，方挫其鋒；強水得木，方緩其勢；強木得火，
方泄其英；強火得土，方斂其焰；強土得金，方化其頑。

看到這裡，也許你會驚異，看似簡單的五行，卻包涵了如此多的哲學含義。我們再來看一下天干地支：

古人用天干地支記時，天干十位：

甲乙屬木，稱曲直，主仁，多惻隱之心，慈祥孝悌，濟物利民，恤孤念寡，恬靜清高，人物清秀，體長，面色青白。木盛多仁；太過則折，執物性偏；不及則少仁，心生妒意。

丙丁屬火，稱炎上，主禮，多辭讓之心，恭敬有威儀，質重淳樸。面部上尖下圓，印堂窄，鼻露竅，精神閃爍，言語辭急，意速心焦，面色或青赤，坐則搖膝。太過則足恭聰明，性燥須赤；不及則黃瘦，尖巧妒毒，有始無終。

戊己屬土，稱稼穡，主信。多誠實之心，敦厚至誠，言行相顧，好敬神佛，主人背圓腰闊，鼻大口方，眉目清秀；不及則顏色似憂，鼻低面扁，聲音重濁，樸實執拗。

庚辛屬金，稱從革，主義。多羞惡之心，仗義疏財，敢勇豪傑，知廉恥，主人中庸。骨肉相應，方面白色，眉高眼深，高鼻耳仰，聲音清響，剛毅有決。太過則自無仁心，好鬥貪欲；不及則多三思，少果決，為人慳吝，作事挫志。

壬癸屬水，稱潤下，主智。多是非之心，足智多謀，機關深遠，文學聰明，譎詐飄蕩，陰謀傾覆。太過則孤介梗吝，不得眾情，沉毒狠戾，失信顛倒；不及則膽小無謀，反主人物瘦小。

十天干又分陽干和陰干，因此在其屬五行性情的基礎上，又各有不同的性情，即：

　　甲如松柏，好仁愛。

　　乙如芝蘭，多慈祥。

丙如太陽，性熱烈。

丁如燈火，主達禮。

戊如大地，山嶽，忠信而固重。

己如田園濕土，忠信但輕柔。

庚似鋼鐵，重義。

辛如珠玉，知恩。

壬似汪洋江河，有智慧。

癸如甘霖雨露，人聰敏。

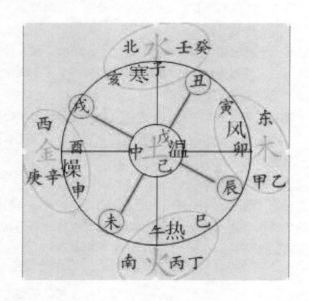

　　說到這裡，你也許會厭煩起來，不就是記時工具麼？光那些名字就難記，怎麼又「性情」起來？它一個人造的符號，能有什麼性情？

　　不！不是的。干支最初是用來記日的，是因為古人發現不同生日的人，其性情呈規律性變化，十天一個迴圈，而這種迴圈同是五行屬

性的完整迴圈，其順序是相生的，兩天為同一種五行，第一天為陽亢有餘，第二天為陰柔不足。即：如果第一天為木性陽亢有餘，第二天則為木性陰柔不足。木生火，第三天為火性陽亢有餘，第四天為火性陰柔不足。火生土，第五天為土性陽亢有餘，第六天為土性陰柔不足。土土金以此類推。於是人們結合人有十指、十趾，各分左右（陰陽）的狀況，將數目「十」做為計日的迴圈，並創造十天干代表上天賜與人的不同性情，以及這種能夠賦予人不同性情的力量。後來人們又發現，生在同一天的人，因為其生時（比如早晨或晚上）的不同，其出生季節的不同，其出生年份的不同，其性情、體貌、命運等亦呈規律性的變化，於是，人們結合大自然陰陽五行的變化以及帶給人類的影響，在創造了地支以及干支記時法的同時，即通過命名記錄了每個干支的性情和相互關係。

　　干支記時法雖然也是一種記時工具，但它並不同於西曆記時法，後者只是一個單純的時間概念，不包含其時間之下的任何資訊，而干支記時是古代智者直接觀察自然世界，經過長期總結，推理，求證等而最終形成的。它以「實物」之性情為因子，定其名；以相互之作用為規則，定其法。它記錄的是一個時空，但人們卻可以通過它看似簡單的資訊因數，推演出那個包羅萬象的現實世界。

　　寫到這裡，我們似乎可以回答兩個問題了。

　　一，為什麼高超的醫士給人治病時會結合當時的時間？是因為人們發現，人體的生理狀況會受到時空環境（春、夏、秋、冬與寒、暑、燥、濕等）的隨時影響。而高明的醫士可以通過干支記時法當中所包含的資訊找到這種影響，從而為治病提供依據。

　　二，為什麼治病須結合病人「先天秉性」的不同而分類施治呢？是因為，人因為「天賜」的各各不同，其生理特點以及對四時的適應能力等亦各各不同，於是古人把他們分為五行相又陰陽二十五（類）

人，各論其生理特點，這樣，在臨床施治中就能夠針對性的有的放矢，提高治病效率，大意如下：

木形人，角音，皮膚色青，頭小，面長，肩背寬大，身直，手足小，氣力小，有才智，好用心思，多憂多勞，能耐春夏而不耐秋冬。內屬足厥陰肝經，雍容安重者為稟木氣最全。謙恭和遜者類屬左足少陽經之上；隨和順從者類屬右足少陽經之下；向上進取者類屬右足少陽經之上；正直不阿者類屬左足少陽經之下。

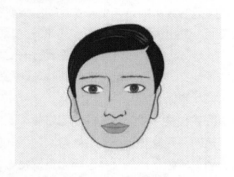

火形人，徵音，皮膚色紅，齒根寬闊，臉尖頭小，肩背髀腹勻稱，手足小，行走安穩，心性急，上身搖擺，肩背豐滿，有氣魄，輕財，少信用，多憂慮，目光敏銳，見事明白，難長壽，多暴死，能耐春夏而不耐秋冬，內屬手少陰心經，處事急疾進取講究實效者為稟火氣最全。光明正大者類屬於左手太陽經之上；多疑多慮者類屬於右手太陽經之下；勇於進取者類屬右手太陽經之上；無憂無慮、怡然自得者類屬於左手太陽經之下。

土形人，宮音，皮膚色黃，圓臉大頭，肩背健美，腹大，股脛勻稱，手足小，肌肉發達，上下均衡，行步穩重，受人信任，心性平和，樂於助人，不喜權勢，能團結人，能耐秋冬而不耐春夏，內屬足太陽脾經，處事誠懇忠厚者為稟土氣最全。平和柔順者類屬左足陽明經之上；喜悅快活者類屬左足陽明經之下；圓滑、反應靈活者類屬右足陽明經之上；遺世獨立、不附庸眾者類屬右足陽明經之下。

金形人，商音，方臉，膚白，頭肩背腹手足小，踝骨突出，骨骼輕，清廉，心性堅，勁氣內斂，長於勞作，能耐秋冬而不耐春夏，內屬手太陰肺經，為人剛正威儀者得金氣最全。廉潔自守者類屬左手陽明經之上；美俊瀟灑者類屬左手陽明經之下；明察是非者類屬右手陽明經之上；威嚴莊重者類屬右手陽明經之下。

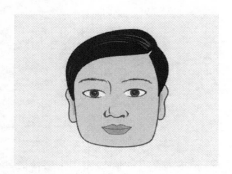

水形人，羽音，膚黑，面多疣而不平，頭大，兩頤寬闊，肩小腹大，手足好動，行路搖擺，尻骨長，背部下延，其人無敬畏之心，善說謊，多智而暗昧，常橫死。內屬足少陰腎經，陽奉陰違，詭譎善變者裏水氣最全。外形洋洋得意者類屬右足太陽經之上；心情鬱悶者類屬左足太陽經之下；文靜諧和者類屬右足太陽經之下；平和安然者類屬左足太陽經之上。

人的形貌、顏色、聲音、性情如果在五行屬性上順序相生，則其人一表現為好運通暢且身體健康；如果在五行屬性上多克制亂，則其為表現為多病且命運塞滯。古人在生活中逐漸認識到藥石的性能可以治病，但「醫者，易也！」，不知易而醫，最終不過是平常的庸醫。

前面說到，「乘勢，即人們認識世界並改變命運的高級智慧活

動。」那麼日常生活之中，我們應該選擇些什麼呢？這便是：避凶趨吉與修身革運。

1 避凶趨吉

即人們利用千百年來積聚的智慧和經驗，結合自身特點，在時間、地點、方位、屬性、行為等方面選擇盡可能有利自身的可選項，以達到改善運勢，提高生活品質的行為。比如某人先天五行木弱，需要補木，在現實生活中則表現為肝弱，易患肝病，消化不良，瘦弱，而肝通目，則其人必瞻視無力（注意：若目露凶光，則肝損運蹇），易近視，易有或易患眼疾。若要避凶趨吉，則可在飲食、住所、名字、衣飾、玩物、工作、出謀方位、交友等方面選擇益木的選項，則可在一定程度上彌補先天之不足，達到改善運勢及健康的作用。比如某人將在某年運勢差，則應採取減少投資、休養生息的策略以避厄運。及待運勢好轉、百事順遂，則應大膽決策、乘勢而為，以求獲得最大成功。

我們在前面講到過「清」或者「濁」的世間萬物，並非只包括我們目之所及的物質世界，還包括因其存在所產生的一切力量。比如海洋山川是物，它們對外所產生的一切物理影響以及對地球生命的生存、演化所產生的作用，也是一種物。人是一種物，由人創造的有完整的自我調整、自保持、自發展的生物學特性的一切，比如某某黨、團體、企業、程式等等，也是一種物。所有一切的物，都有它們本質上的「清」或者「濁」。我們已經知道，領受「清」的美好向上的品德是人類的大智，則此更進一步說：

山川有清濁，擇地而居；人群有清濁，藉以展志；親朋有清濁，有你有我；文藝有清濁，藉以發力。

2 修身革運

就是採用主觀上進、濟物利人的生活方法改善將來運勢的行為。一般意義上可以理解為積德行善，但修身革運更側重於「修」，是指對人生道理的深入理解和自律力的不斷增強。那麼修身革運能否在一定程度上改變命運呢？答案是肯定的。下面就從不同的角度來試圖說明。

（1）人有報恩之心，今日一時善行，得報於他日危難之中，逢凶化吉，善得善報，是為修身革運第一常識。

（2）「上天有好生之德，大地有載物之能」，混沌既分，造化漸行，世事日益精巧，如雌雄相交，其子多得其長，而少生其短，善惡互戰，暫未分而久必惡除，此皆大道將赴合和禎祥也！修身善行，輔助生靈，其心同與大道，則能順勢而生，因勢而成。非比奸妄畸狹之徒，群居尚且自殘，又何得長生也！

（3）人乃宇宙之子，假父精母血，秉天地靈機因時地氣運變化而生，其體亦如有相當能量的小宇宙，「天賜」定其一生軌跡。入世之後，則與自然萬物相應而行，「天地順遂而精粹者昌，陰陽乖悖而混亂者亡」，然人心向善，自得機緣，得識天地之奇偉，人心之向背。故以先天不濟，後天努力，采貝擷珠，以至博學，識得自身輕重，解得天道長短，因勢制宜，求得善果，是為人生修為之第一大智慧。

（4）人各有相，其相應運，修身善行，運變順相亦隨之佳，是謂「相由心生」，然究此以外，尚可練相強身以改運。其方法是：雖命中貧賤，其相如「形人神怯，氣濁聲破，聲幹無韻，腰弱項折，肩寒聲噎，食多淋落，動止棲惶，多言不定，不哭似哭，坐頻搖身，頭先過步，偷目斜視，蹙額攢眉」等，知此後主動改正，並另求富貴者之形、之性、之勢、之健碩，如注意「端坐正行、涵氣守中、言行有度、舉止汪洋、博聞強身、心寬豪放」等。則日久天長，他性漸成已

性，可以改運。然修身練相之法必先修心，修心首至而後助以形改，方能練相革運，否則謬之千里了。

二　革運原理與方法淺論

一直以來，人們以為人的命運是由出生時間決定的，原因在於在一定程度上人的命運與出生時間呈正相關，即生於其時，則必有其體貌、性情、潛能以及命運等。人們形象的說它是人在臨世之時「老天爺」給打的「烙印」，古時懷才不遇的人常嘆「生不逢時」，現代人的生產之時選日子，都是因為出於這種認識的原因。但是事實的確如此嗎？當然不，那只是人們看到的一種表象而已，真正的事實，沒有那樣簡單。

我們知道人是自然之子，人的命運在相當程度上是「天賜」的結果，但你是否注意到天賜之中的包含的「遺傳基因」這樣一個因素。現代科學研究證實，人的遺傳基因（包括副基因）會因為環境的變化而改變，其中所包含著的巨量歷史資訊，可以通過遺傳或共振原理影響之後的三到五代人，但影響力呈逐代遞減態式。我們在這裡給「遺傳基因」做一個簡單的評定，把它們簡單的分為清和濁兩類：

清，代表強壯，健康，優良，完整，諧合，功德，成功。
濁，代表羸弱，疾病，低劣，突兀，偏激，冤孽，失敗。

我們的「遺傳基因」或清或濁，或在多大程度上清或濁，我們認為它有不同的品質。

我們再來看天賜之中的星球環境和地理環境，其所包含的資訊，當然也是一個海量，這樣一個動態變化的資訊庫，我們雖然不能用數

位和符號等證明它性質的變化以及對人的利害，但我們可能通過干支記時法推算出它的五行形象格局。這種形象格局有好也有壞，但我們還是同樣簡單的將它們分為「清」或者「濁」。清，即「天地順遂而精粹者昌」，是可以使人好運的組合；濁，即「陰陽乖悖而混亂者亡」，是可以使人悖運的組合。或清或濁，或在多在程度上清或濁，我們也認為它是有品質的，我們把它叫做空間環境品質。說到這裡，我們會發現，人得到的遺傳方面的品質是一個「定量」，而空間環境品質是一個「變數」。這就是問題的所在了，我們知道同一天妊娠（即受精卵形成）的人其生時會有很大的差異，提前半月者有之，滯後半月者亦有之，而其間空間環境的品質是一直在變化著的，所謂人的生時的成因，就是空間環境品質變化到與人類遺傳基因（天賜中的先天因素）的品質相同的時候，兩者產生「共振」（系統受外界激勵，激勵的頻率接近於系統頻率時，能夠獲得並積累外界激勵帶來的能量，從而使自身振幅達到非常大的現象），即天人相感，則其時，世界打開了迎接其生命的大門，帶他從此融入這個生生不息的輪迴世界。

說到這裡，也許很多人疑惑以不至不解起來：這太牽強了吧？你怎麼知道人的遺傳品質包括祖輩的經世作為呢？比如「功德」和「冤孽」，有證據嗎？是不是受了佛家「因果報應」說的影響？

誠然，物質生發出生命以至文化，而此時我們正推理著它，可以承認，我受了所有因素的影響。文化是一種力量。我的理據的源頭，主要來自於八字，在其中，我看到了人的六親（祖父、祖父母、父親、母親、兒子、女兒）各自的資訊以及對人一生命運的影響，是他們決定了人的幾乎一切。其實這也正是我們的現實世界，祖父輩的作用大概決定了人的前半生，自身特性以及子輩大概決定了人的後半生。而最能說明問題的是，現代科技已經為此提供了非常有力的佐證——（請參閱〈論因果報應〉）

　　近年來，當有些人學了一點術數，也還半通不通，就想拿它來改變命運，怎麼可能那樣簡單？所以在這裡提醒以下幾點：

　　（一）其當事人有了這方面的認識、願望和努力，或向上、或私心，有了因，也必產生一個果，而這個果正是他應得的。所以雖然他忙了半天，其實也還是「人算不如天算」。

　　（二）違反既定規則的行為往往被隔離於群體之外，就像你犯了錯被老師罰站不能正常上課，或違了章被交警攔住不能按計劃開車一樣，結果多是不利的。

　　（三）局部器官的損傷只能導致其能量縮減，一併消耗他總體的能量，而不會生出外表看起來的那樣的效果。比如你把個陰莖整大了，但是軟了，快感不能增加，大多還會減少；或者你把個代表貧窮的漏斗鼻整成代表有錢的蒜頭鼻子，但是你照樣沒錢。假的東西起不到真的作用，它沒有那個能量。

　　（四）相由心生。要改相，先修心。不修心而改相，終是「死相」，一朝光鮮，長久卻難。損元氣，招刀兵，多有不利，望慎重。

　　既然人是有命運的，我們也可以利用許多的方法來改變它。那麼，就沒有「因果報應」了嗎？不！世間不但有「因果報應」，而且它的客觀存在有著更深遠的意義和內容。接下來，請看〈論因果報應〉。

二
論因果報應

　　在眾多傳統文化中，無論是東方還是西方，人們幾乎都有關於因果報應的信仰，即「善有善報，惡有惡報……」這當然首先只是人們的一種希冀，而現實之中，有沒有它存在的科學意義呢？當然有。

一　人類良知的推動作用

　　人是有良知的高級動物，不管在何種情況下，人都是根據自己本味裡的良知來判定其好惡的，也許這種良知會一時受到壓迫，也許人們時常會做著違背自己意願的事，但只要一有出口，人的良知——其實是人類文明前進的原動力，就會冒出來：

　　「喜歡就是喜歡，你非要我反對，我口服心不服。討厭就是討厭，你讓我讚美，我心裡反噁心呢！作惡的，連同類都禍害，要他做什麼？讓它死！免得碰見我。行善的，讓他好好的活，人們可以親如一家，也還可以做信任的朋友。」

　　舉個現實生活中的小例子，你的團體裡同時來了兩個人，一個溫和恭謙，樂於助人；一個驕橫跋扈，為人刻薄。你會接近哪一個人呢？你是否為幫助了前者而心情愉悅？你是否為厭棄了後者尚心情煩鬱呢？再深入一點講，如果一時他們都受了傷，都非常危急，而又沒有人限制你們的救援行為，那麼誰得救的希望更大一些呢？無需迴避，不要講什麼道德或法律，答案當然是前者。因為這其實並非人們的小肚雞腸，而是自由狀態之下人類不自覺的優勝劣汰行為。隨著人

類文明的逐步推進，人的良知，這種乍看之下的「小動作」，其實是推動人類文明前進的大力量。

二　人體生物波的作用

有一句話是這樣說的，叫做「千人指，無疾死」，是說當某人做了太多的惡，被很多人指責時，沒病也會死掉。這本是說惡有惡報的，但我們這裡打一個問號，真的嗎？為什麼？說到這裡，我們有必要瞭解一點人體科學方面的知識。〈占卜、意識因應和其他〉中說到，當人集中精力於占卜某件事的狀態時，身體的感覺器官會受到抑制，聽不見、看不見、感覺不到其他，同時人體會發出具有較強能量的生物波，並且接受回饋的通道打開，是已經融入到整個環境之中的狀態，所以能有所感知和作用。當然，一般狀態下人體同樣能發出生物波，但是這種一般狀態下的生物波卻不具有那樣強烈和專一的作用。人體生物波有如下特點：

（一）因人而異。血緣關係、品相、素養相近的人之間生物波比較相似，反應最明顯的當屬異性雙胞胎，這讓他們即使從未謀面也能從人群中很快走到一起；品相和素養相近的人生物波相對接近，品相和素養差別較大的人其生物波也差別較大，日常交際中，人們往往初次見面就能確定對方的可交與否，或基本分辨出對方屬那一類人，其實是潛意識裡的大量資訊綜合判定的結果。

（二）人體生物波隨人的心理和生理的變化而變化，情緒的高低、健康的好壞都會影響人體生物波的狀態。所以說人體生物波亦包含有相當的信息量。

（三）人體出物波對他人的影響有性質的區別，如同聲波對人的影響，優美的樂曲可以使人身體放鬆、心情愉快，有些特意製作的樂

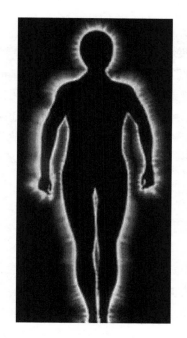

曲還能針對性的治療某種疾病。而不好的聲音，如某些雜訊，卻能使人煩躁、噁心、頭痛，一些特別的雜訊還能直接導致人死亡，比如戰場上早已使用的雜訊武器。人體生物波對人的作用沒有聲波那樣強，所以短時間之內很難看到實質性的作用，但這種影響是可以疊加的，人數多了，次數多了，時間長了，作用的效果就會自然的顯現出來。

　　人體生物波的善惡是人類心理活動的直接反應，當一個人高興或對某人有好感時，他的生物波是善的，會讓對方興奮、舒適或感覺到他的善意。對方的身體也會在無覺之時受益，變得積極有活力，如果一個人生活在對他有好感的人群之中，那麼他一定會感覺自己就像生活在充滿關愛的家庭之中，自信、堅強、上進、健康。所以如果我們

能夠，就應該努力，讓自己成為被別人喜愛的人。當一個人的情緒很壞時，他的生物波是惡的，並且心情越壞，這種有害生物波就會越強。如果人總是接受這種有害的生物波，即如生活在厭惡他的人群之中時，他就必然會受這種有害生物波的損害，可能短時間之內可能感覺不到的，但時間長了，當這種傷害漸漸積累起來，結果也就會顯現出來，他可能會變得生理紊亂、心理失衡、情緒失控等等。那麼，他的噩運也就不遠了──惡有惡報──果然。所以，我們應該借此知道並注意，不要讓自己成為被大家厭惡的人。

三　心理暗示的作用

　　前章中我們認識了人體潛意識，我們可以通過多想積極的、正面的、具有建設性的事情來開發潛意識中的無限能量。說到原理，我們可以把大腦的自動運作功能和潛意識中的巨大能量比做傳統意義上肥壯的「順毛驢」，它有的是力量，但你應當懂得如何使用它，這樣才能真正發掘它的潛力。辟如，當你給它善意的撫摸（即良好、積極的心理暗示），它會感覺到幸福和希望，所以它會賣力的勞作（愉悅、健康、工作高效率），如果你無故給它呵斥甚至打罵（即惡劣、消極的心理暗示），它就會消極怠工、甚至會橫衝直撞（頹廢、煩燥、偏激、做事無頭緒）。良好的自我心理暗示是人的潛力積極發揮的必要條件。而能夠產生最大作用的心理暗示則來自於外界對他的評價，正如「自誇十個好，不如別人說一個好」，人是最注重外界對自己的評價的。

　　大凡稍有知識的人，沒有不知道「因果報應」的說法的，縱使他不信，這種說法同樣會進入他的潛意識之中，當一個人做了惡，每當受到來自外界的相關刺激（如被人斥罵會得報應之類），或見到某些

做惡者的悲慘下場時，這種因果報應的念頭就會不自覺的冒出來。這等於在給他做了不良的心理暗示，而當這種心理暗示不斷聚集並與他作惡之後的驚懼、擔擾等不良情緒揉合在一起，就會造成他心理上的巨大壓力，牽延日久，則會形成其心理以至生理上的嚴重傷害，於是，身體差了，智力差了，判斷力差了，決斷失誤了，於是，一大堆倒楣的事情出來了，結果就是──果然「惡有惡報」了。

而當一個人常做善事，首先的，他就會有心理上的寬慰和滿足，在內心世界則是一次又一次的自我人格完善，修身濟世的成就感會給他帶來非同一般的幸福感覺，而這種感覺又是其他任何一種成功所無法企及的。其次，他會有更加積極的自我期待，期待自己的善行得以延伸，以至功在千秋；期待自己因為善行能得到神明的庇佑，以使將來變得更好；期待受他幫助的人能投挑報李，惠及眾生，包括他自己。等等。人本是活在期待之中的，人也正是因為對將來生活的美好期待才使自己充滿活力的。當一個人多方行善時，他會感覺自己離理想的目標越來越近，在這種良好的心理暗示不斷作用下，他會越來越有活力，心情也會越來越好，心態也會越來越穩定，健康、智力、反應能力、耐力等會得到明顯改善，於是，綜合的能力提高了，於是，成功近了，好運來了，結果，預言變成現實，「善有善報」，果然！

四　榜樣的作用

父母是孩子的第一啟蒙教師，也是其為人處世的第一榜樣。在人的幼年時期，父母那種帶有強制意味的教育對孩子的一生影響最大。人常說「從小看大，三生（即三周歲）至老」，就是說的早期教育對人一生的重要性。「有其父必有其子」則從人一生的角度反應了父母對孩子的影響。為人父母都沒有不盼著自己的孩子有出息的，所以也

常常把自以為正確的道理強加給他的孩子，但一個人的知識總是有限的，人生觀又個個不同，則其對孩子的成長所起的作用也就良莠不齊。現實生活中，相當一部分的人因為自己的目光短淺或修養不夠，往往向孩子傳授一些「不吃虧」的所謂生活密笈，但文明是快速發展的，社會是日益進步的，他只看到了現實，卻沒有想到將來。等他的孩子長大並進入社會，那些所謂的祕笈已大多為世人所不齒，結果，那孩子成了社會的「局外人」，做人的失敗帶來了自卑心理，先前對父母的崇拜則變成了敵視和厭棄，一番苦心，兩敗俱傷，愚昧教育給孩子帶來傷害的例子可謂比比皆是。

培養積極正確的人生觀，對人一生的成功有著決定性的作用，它不僅順應了社會的發展，更是人性良知最佳的表現形式，擁有積極正確的人生觀，能使處於旺盛發展期的青少年對未來充滿理想，敢於付出，樂於奉獻，善於學習並不怕困難，它是最根本的人間正道，也是通往人生成功的最直接路途，沒有其他路能比它更近，所以為人父母者，萬不可孤陋寡聞，恣情任性，走錯了這最關鍵的第一步。

上面說了對孩子的教，下面再說說對父母的孝。日常生活中，也許你會聽到這樣的民間口頭語，「孝順能遺傳，一輩傳一輩」，這其實是說長輩的榜樣作風對晚輩所起的帶動作用。自古以來，孝就是一種人人稱頌的傳統美德，它有著廣泛的價值輿論基礎。當一個人孝順父母時，是不但給晚輩們做了正面的榜樣，而且更為自己留下了厚重的輿論資本，晚輩則在享受祖輩榮耀的同時承受來自輿論的巨大壓力。「看你老子多孝順，好人哪！到時候你可得好好孝順你老子」，否則，天理不容了。「唾沫星子淹死人」，他不孝順都不行。而當一個人不孝順父母時，則會被輿論臭罵「畜牲不如」，他的後輩們，在輿論的作用之下，或者本來看不上他的為人，難免就會對長輩生出怨憤來：「你怎麼對我爺爺奶奶來著？」可笑的是他不得不領受這屈辱，因為

其情其地，他也就根本就沒地方說理去。當然我們絕不提倡這種形式的「惡有惡報」，而是就事論事，講一番平常的道理。《三字經》上說得好「親愛我，孝何難，親憎我，孝方賢」，就是教導人們不要以怨傳怨，否則，自身遭人厭、無功德，也還遺害了後人，豈不糊塗？

　　教化家人或世人的，最直接的是你做為榜樣的作用，或善或惡，得報往往最直接，也更快捷。所以再勸世上懵懂的人們，遵循於人間正道，專心於知識學問，以身做則，濟物利人，才是人間最睿智、最實效、最光明的路。

　　道路延展，風景變幻，欲上重山，請到〈析微論〉。

三
析微論

　　讀過前邊的文字，大概我們的心中已有了一個輪廓，知道這一番天地很有它積極的意義。但現實又如急驟的風，很容易使人迷失或者顧此失彼，所以，我的文字繼續在這裡等你……

　　人是智慧的，也是動物的，發展到當下，更是社會的。那麼，我們如何選擇一條路，既能滿足于現實需要，又能實現生命的價值，並可以與他人聚集成高效諧和的一團呢？

　　說到這裡，也許有些人覺得遠了，覺得它既不關乎於自己的眼前，又很少關乎於自己將來的年老，甚至連國家和民族都不算在內，有多少用呢？——這就是我們的桎梏，看得近，如何能走得遠？

　　大家可以散漫開來想，所有的社會問題，一切的罪惡、不公、殘害以及你身邊的不平事，追根溯源，最後是不是一定會落實到某些人身上？是不是因為他們缺少教育或缺乏限制？那麼為我們的自身計，以及我們的孩子有更好的生活，我們是不是應該解決這問題？

　　期望於將來的，必奮鬥於現在，需要很多人才能做到的事，就應該去召集很多人，這是簡單的道理，也是必然的路，世界上沒有什麼事情太難，只要你真的敢於深入。

　　今天，當我們已經來到這資訊時代，利用網路，如果我們的思想夠優秀、技能夠有用、能夠順應時代、可以趕上潮流，那麼人群很快就會聚攏過來，如果你也可以把握人群，就沒有什麼事不能成。

　　那麼，怎麼做？

一 明識時務，堅定基礎

明識時務，堅定基礎，就是要從根本上認識世界。大自然進化出了人類，因為天賜的各各不同，適合每個人做的工作（事業）也不相同，應該注意以下三個問題：

（一）適合我們做的事業與家庭小環境的不可期性。比如，適合經商的生於書香門第，適合做學問的又生在商賈之家，有潛能做管理的父母鍾愛藝術，有藝術天份的父母又非要他考學習理工。父母們大多是希望「子承父業」的，但人的能力或者說潛質與父輩的希冀卻又是完全不同的兩個概念，因為它既不代表父輩的愛，也不能代表晚輩的孝，而若非要生拉硬扯到一塊，那麼則必然限制後輩的發展與發揮。其時，父輩的力量往往是大的，晚輩的屈從總不免些悲情的色彩，但這往往又僅限於是「自己家裡的事」，四圍正確的道理卻很難講的進。這是一個漩渦，很能使人暈眩或沉淪，要注意！

父輩的希冀原是切切的，而若果真要後輩做的好，那麼就應該多多發掘後輩的特長、潛力，然後是給予力所能及的幫助，扶上馬，送一程，最好。

（二）社會教育和價值觀對個人發展的影響，從「背上書包上學堂」的第一天起，我們就接受社會教育，某種意義上說，人類本初的天性總是先被社會價值觀先「洗腦」（就像「熬鷹」一樣，再桀驁的雄鷹也會被訓服，但那卻是最為喪失人性的馴服），於是，由於年少無知，由於書生意氣，我們被慫恿，被激勵，為著「光輝的事業」，做著「忘我的工作」……「誤落塵網中，一去三十年」，當塵埃落定，當驀然驚醒，我們才發現，曾經的過去裡，沒有自己。

社會教育的指向是社會價值觀，是有其深刻歷史背景並不斷發展變化著的。有的時候它走在現實的前面，帶給人們新鮮的血液，但有的時候它又會落後於社會現實需要，成為文明前進的枷鎖。

翻開歷史，人類有太多被愚弄和欺騙的過去，很壓抑，甚至磨滅人性，多是專制的罪。所以在現實之中的這樣一種自由（雖然仍有不足）裡，我們很不該仍然背著頹廢價值觀（比如短視、貪欲等）的桎梏，依然的走在不能實現個人價值的老路上。

（三）未來無期，萬物可化。說到奮爭，很多人自然的就想到命運，是「一首樂曲的主旋律」，是不能變的，的確，這沒有錯，但我們可以想到，同一種命運結構（八字相同）的人，如果：

> 處在不同的時代：一個是六百年前，一個是六百年後。
> 出生於不同的環境：一個是城市富貴大家，一個山村貧困平民。
> 接受不同的教育：一個是文明發達世界，一個是文化敗壞國家。

他們的命運能是一樣的麼？當然不是。

而且當現實發生了巨大的變化，當人們從使用工具到製造機器，到製造機器人，到創造各種程式、團體、智慧，連同於飛速發展的生物技術——其實人類正在進行著加速度的蛻變，怎麼可以仍然用術數原有的規則來推定這個現實世界呢？

社會發展了，而術數沒有，這是我們一定要注意的，除非術數也得以對應的發展，否則便是不適用的。

二 明晰清濁，必以選擇

前面，我們將天賜和祖輩的遺傳基因設定了「清濁」，其實萬物一理，世間萬物都有一個「清」或「濁」的劃分，比如那女孩明眸皓齒，髮潤膚香，聲音甜爽，則我們可以把它當做「清」的，比如那人目濁齒汙，髮焦氣臭，聲音渾濁，我們便稱它是「濁」的；我們把甜

爽的甘泉，歡樂的天籟叫做「清」的，那麼害人的瘴氣、污穢的死水便是「濁」的；我們把好學上進的精神，謙謹誠懇的的品質叫做「清」的，那麼頹廢極端、卑劣狂妄的行徑便是「濁」的。

　　一切事物，諸如生態環境、文化藝術、風俗傳統、法規制度，所有人以及所有物，都有一個「清」和「濁」的區別。接近和學習「清」的，遠離和唾棄「濁」的可以使我們的人生和運勢得以提升，同時，也是我們應該保持的人生信條。

三　自然為根，可以養身

　　人生於自然，自然是我們的根，如果太過疲憊或躲不開傷痕，就回到自然去。自然之中，人是最能放鬆身心的，如果放下一切世俗怨憤，我們的身體就會自動修復傷口。自然之中，人的可以思考可以最深邃、分析可以最具體、認識可以最客觀。聰敏的靈性和巨大的潛能能夠更好的發揮，你可以把它做退路，也可以藏在其中暗自生長，也可以重新出發、重頭再來。經歷過大磨難的人多知道這秘密。

自然是我們的根

四　善識時務，可勇可敢

　　「識時務者為俊傑」，或者應該叫做「識時勢者為俊傑」更確切。識「時」，使我們知道環境帶給我們的隨時間變化的（即前面說到的「天賜」）固有的「勢」。我們可以在生活中主動的調整自己以適應它的影響。識「勢」，還包括你應該主動看到環境之中的各種因素，如國家、團體、個人、文化、地理、事件等等變化對你形成的各種「勢」。這些「勢」是不同層次、等級、範圍的能量場，能夠在同一時空合併起來，形成一種立體的巨力，影響、包圍甚至綁架你的生活。你必須觀察、認識它，隨時做出正確的選擇和努力，去化解、去爭取、去利用，否則，你就會被現實淘汰，而無從談論目標和理想。

　　當一個人需要力量，他應該想到信仰，因為它不但可以給你力量和指明方向，而且可以讓你懂得此生的意義和價值。那麼，請繼續看〈宗教、信仰和朋友〉。

四
宗教、信仰和朋友

一 宗教

宗教是因為人們對未知世界宏大力量的敬畏和對未來美好生活的期許,主觀服從並宣導其歷史條件下積極人生態度的社會化行為。在相當長的歷史時期內,宗教不斷汲取和凝聚人類智慧,逐慚形成其各具特色的理論架構和價值尺度,對人類文明的發展起到了無可替代的巨大推動作用。

宗教是歷史的產物

宗教宣導「有神論」。源自於其產生之時歷史環境的侷限性和推廣的需要,不同宗教所尊崇的神不同,所以為增強其自身凝聚力和說服力計,所有宗教全部宣揚自己所尊崇的神是唯一、是最優,則其他門類皆為異端——這就產生了宗教信仰的排他性。一直以來,這種宗教產生之時留下的硬傷,一方面因信仰不同引發宗教歧視和紛爭,另一方面,更經常被別有用心的人所利用,不斷的製造地區衝突和流血事件。

　　近年來，現代科技的飛速發展徹底推翻了「有神論」的論調，這使得以「有神論」為根基的宗教信仰自此產生了信仰危機。年輕的知識份子不再主動信仰宗教，以自然科學為首的現代文明瞬間成為社會的主流。可以肯定的說，在知識爆炸、資訊爆炸的當下，中等或以上文化的人絕大多數都能夠正確認識宗教與現代科技的區別，而所謂的宗教狂熱分子，則不是無知，便是利用宗教唯我獨尊的排他性大作文章的別有用心者。

　　宗教的願望是為這世界更好，創始者的本意是要人們接受積極正確的道理的，我們應該學習的是它濟人利物的美德，而不應該做固守教條、思想狹隘的極端主義者。世界在發展，一切都在變化，沒有什麼思想可以一勞永逸，對於任何傳統的東西，包括宗教，我們只能「取其精華，去其糟粕」，否則，我們就無法繼續前行。

二　信仰

　　人應該有信仰，人應該信仰什麼？

　　這甚至是一個無須討論的問題。我們當然要信仰科學，信仰現實世界裡真實向上的道理，可以讓世界可以更興旺、更幸福、更久長的真理。

　　有著博大胸襟一併宏偉志向的人們，總想要為這文明的前進出一把力，很值得敬佩，但想要有所施予，須先壯大自己，這就要懂得：一切因由，皆有它當初的原理，一切改變必有它先決的條件。走正路，須要尊重客觀事實和規律，求上進，也要從力所能及且切實可行的地方入手。

　　我們能做些什麼？那麼來先看清世界：

　　今天，當人類飽受戰亂之苦，當統治者意識到不能在戰爭中很快

撈到好處並長期佔有，當普世價值觀漸漸成為人類的共識，野蠻的戰爭漸止了，而文明的戰爭悄然興起。

文明的戰爭，即借助經濟、文化開放契機，利用相對先進的精神文明以及物質文明優勢吸引他邦人才、技術、財富等增強自身實力和凝聚力，從而佔據明顯優勢，擠跨他邦落後文明並最終使其沒落的戰爭。

那麼，先進的文明代表什麼？

（一）先進的文明代表更人性化，盡可能大的個性空間以及嚴謹、理性、科學的人生態度。

（二）先進的文明代表開放和相容包蓄，並以此打開聚集人才和技術的大門。

（三）先進的文明代表科技發展的最高水準，它尊重知識，並以此為立世之本。

（四）先進的文明必尊重普世價值與堅持高度社會化，人們用群體的智慧和力量解決問題，注重精神價值與社會整體效益的有機結合。

那麼，在當今世界的這樣一種開放格局中，在文明發展程度參次不齊的多國家、多民族之間，當經濟的交往必然帶來文化的傳播，當先進文明兵不血刃卻把持這世界。那麼想想我們自己，我們的團體、國家，該怎麼做？誰可以是我們的朋友？

三　朋友

不屑說什麼你的國家我的國家吧！或者你是什麼民族我是什麼民族，更不要提什麼「主義」和「現實利益」，先看看你自己，你的人、所處的企業、所在的國家，是不是夠優秀？是不是讓人敬服、愛戴、甘心情願來追隨？

做為一個人，你是怎樣的人？是否雖然平凡但仍然堅持正道，爭取做一個好人、一個向上的人、一個有社會價值的人？

做為一個企業，你有怎樣的企業文化？是否提供良好的工作環境、合理的薪酬、公平的晉級獎勵制度、足夠的發展空間？

做為一個國家，你是怎樣的國家制度、文明？是否公平、公正、先進、有活力？

不滿於國家的，會移民——其實是社會精英的流動；不滿於企業的，會走人——其實是優秀人才的流動；不滿於個人人格瑰力的，親人也會離你很遠，同樣會產生選擇和淘汰。

但反過來，世界是物以類聚並黨同代異的，有良好品質和健康人格的人聚集起來，就可以限制那些品質低劣的人的行徑。同理，優秀的企業可以吞併落後的企業，文明先進的國家可以扼制文明落後的國家。

文明可以是普世的，但社會總在弱肉強食——其實是自然發展的規律。

那麼，人們需要合作嗎？

當然，合作帶來實利，合作更使人偉大，合作使人分化，產生不同，得以驗證，合作能夠讓我們保持旺盛並新生。

需要平臺嗎？

是的，我們需要一個「朋友圈」。

現在嗎？

不急，到了合適的時間它自然就會生出來了，就像水到渠成。

側門
——立本求變必以先

一
三界
——通俗的簡單深度

一　物質與精神

物質，即現實世界存在的質量分佈。包括我們看得見和看不見的日月星球、山川河流、花草樹木、空氣塵埃，一切的所有，以及它們所發出的力、波、磁、電等。

物質世界是固有存在的，生於前古而人不可知，化生萬物又無跡可尋。它一直在那裡旋轉，循著它固定的規律走著，在我們認識它以前就在那裡了。

精神，「形而上」的人類文明現象。包括對世界的認知、解釋、以及由此產生的意志、思想和意識傾向。精神的起點是零，從一無所知、胡亂臆斷，到經歷種種錯誤，一點點獲得經驗，再一次次假設，又一回回盤旋，然後一步步漸漸接近真實。過程緩慢而艱難，而生活品質亦然，被精神引導，也一步步向好，從茹毛飲血直到彼此精誠合作。應該說整個過程是非常艱難的，但也許正是人類的宿命吧——如嬰兒的降世，總免不了臨產前的陣痛。

物質是本體，包括它固有的性質，精神是物質世界的影子，可以反應真實世界，但看上去卻常常變幻扭曲，晃動的時候使人迷亂，安靜的時候趨於真實。而所謂智者，就是那個可以在晃動的影子中發現事實的人，他指引人們看見真實，做正確的事。

科學精神賦予我們前進的方向

　　既然精神是物質的影子，常常變幻扭曲，蠱惑無知的人，既然我們已經如此費心的分清了這一切，但為什麼人們仍然會不斷的陷進去？

　　因為我們庸俗、貪婪、頭腦簡單。

　　明明是智慧來自於自然，它早就在那裡等我們參照和發現，但為什麼我們卻總是隨便聽信別人對於這個世界的胡亂解釋？

　　因為我們庸俗、貪婪、頭腦簡單。──自己不努力，搞不清事實而輕信；或固執保守，不接受新知和改變；或沒有主見，輕易被慫恿和驅使。

　　其實，不是歧視，人，真的是有三、六、九等的。睿智的人主宰，誠實的人服從，反社會的人被縛，從來不錯。

二　自我與非我

　　自我，即對自身本體的認知與堅持。有以下特性：

（一）自我是流動的，它的內容往往因為時空的變換而不同，年長時的自我不同於年少時的自我，順境中的自我不同於逆境中的自我，如此等等。

（二）自我在一定程度上是由先天因素決定的，尤如撒向大地的種子，原有屬於它自己的種類和特性，但其時因為是種子，所以特性不能被一眼看見，而只有在以後的成長中才漸漸顯露出來。

（三）自我的成長雖然如同種子的成長，但並一定與它生理上的生長同步，有的人「早熟」，有的人「晚熟」，有的人甚至「不熟」。

（四）自我認知與現實往往存在一定差距，這種認知上的差距往往影響甚至決定其生活狀態，比如因為過於自卑而阻礙了個人能力的發揮；或因為自滿而錯失了發展的機會；或因為過於自信而無端浪費了太多青春，或因為對自己期望太高憑空增添了許多無端的煩惱。

那麼，如何把握自我呢？

首先，先天決定了的東西，比如遺傳、環境等等其實是我們的命運，尤其在前半生，我們很難改變，但等我們漸漸成熟以後，卻可以盡可能的去瞭解它，有的放矢的去把握它，然後加以努力，也就會有最好的結果。當然，這結果也許沒有俗人眼中豔羨的輝煌或成功，但是，在其基本的前提之下，我們的確已經做到最好了。這樣的人生當然是成功的，而且也是最為智慧和實際的。正如打牌，意義不在於你每次都拿了一手好牌，而在於無論你拿到了什麼樣的牌，都能夠盡可能的將它打好。

那麼自我之外呢？

自我之外，簡單來說就是別人，如果你懂得了一些道理，知道人的優劣在很大程度上是由遺傳基因、孕育環境、教育方式決定的，那麼為了讓他們——尤其是那些落後和貧苦的人們的將來，不至於拖了整個社會的後腿，甚至會影響到你和你的子孫，那麼你就應該去做一

些具體的工作，比如限制有某些遺傳疾病的人生育，給孕婦營造良好的孕育環境，給孩子科學的教育等等。

自我之外的，還有這個世界，所有人生活在地球之上，用有限的資源，佔用有限的空間。如果他與你同步或超前了，可以做你的朋友或老師，而如果非常之落後了，甚至還在蒙昧階段，只耽於血腥的肉搏，那麼你就要小心了，因為或者你想不到的某一天，他就把你當做食物給吃掉了。是的，我們要保護自己的家園，但必需同時保護我們的發展空間。生於這天底下的，你必須把它當成一家人來看，遇見優秀的，要跟隨學習，遇見拙劣的，則要改造幫助，否則，要麼你會被淘汰，要麼你會被拖累甚至吃掉。

對於世界，能做到一定程度的「知」其實並不容易，但如果你能做到一些，這種成功又是可以複製的，就是，因為你的思想根本正確的意義和方向，並且可以帶給人們切實的好處──能夠使他們生活的更好。別的人就會來學習你，這樣，你就可以將自己的意志擴展開來……

其實，道理原本是明白的，但要你說出來，說清楚，人們才能知道，聰慧並上進的人自然會走過來，而不屑甚至鄙夷的，你幫不到他，由他去吧。

事情都是一步步改變的，每個人應該量力而行。

三　片斷與追逐

人是自然之子，攜帶了大自然生命進化的巨量資訊，以不同的特質入世，被時間做上了標記，人們通過時間的標記檢索那時的環境資訊，與人世變遷對應，從而推斷出那個人的底細：有幾斤幾兩，以及大概的將來會有什麼樣的出息──即所謂生時（或八字）算命。

這裡做一個類比。

人來到這個世界上好比一塊石頭被拋向山頂，有它固有的大小、形狀和質地（——遺傳基因）

落在山頂的位置不同，有的地方比較尖，有的地方比較平，有的地方有樹木，有的地方又寸草不生（——不同的家庭或社會環境）。

這石頭受重力的作用會從山尖滾到谷底（——從出生到死亡）。

其間要經歷很多（——人生經歷）。

也許它會了無障礙的前行（——一生順遂）

而大部分卻要遭遇障礙和難免的碰撞（——常人必經的磨難）

有的人可以達到谷底（——壽終正寢）

有的卻被陷在凹處或卡在狹處而終止在沿途（——中途夭折）

人生如從山頂跌落的石頭

石頭自身的形狀、大小、硬度等特點、墜落的地點、沿途的遭遇決定它的軌跡（——人的先天基因、降生環境、按一定規律運行的大自然和相應的社會環境決定人的基本命運）。

它在當初向下走的時候棱角分明（——人年輕時的個性張揚）

但經過許多磕碰和磨損之後變得圓滑（——被磨掉意志或善於規避隱藏）

這時它對於沿途事物的衝擊（社會作用——不定好壞），沒有當初那麼大，道路也顯得不再那麼艱澀難行（——人會在經受挫折之後變得精於世故，社會作用變小，但幸福感增加）。

有的石頭衝破層層阻礙開闢了自己的路，那是因為它本質的特點契合了環境且沿途多是有利的機遇（——人的成功是本質和機遇使然）。

有的石頭被撞得支離破碎，完全沒有了當初的模樣卻只能消失在叢林之中（——人的失敗亦是本質和機遇使然）。

石頭的軌跡不可以發生改變嗎？（——人的命運不能被改變嗎？）

會的，當遇到風以及風的作用帶來的環境變化，它也許會受到影響而發生一些改變（——社會風氣或社會文化的轉變會在一定程度上影響到人的選擇）。

當遇到雨以及下雨引起的山洪，它的運行軌跡則可能發生完全不可預料的變化（——社會環境突變和突發事件對人的影響巨大，但基本不可預知或無從躲避）。

那個石頭不能主動改變自己的軌跡嗎？（——人生的軌跡不可以主動改變嗎？）

可以，但很難，首先，你是否積聚了突破常規的足夠力量——這力量可以是意志，也可以是知識，或者也可以是某種能力。這種力量

要能引起人們足夠多的注意，可以與他們產生交互，使你可以調動或借助他們，從而能夠形成衝破阻礙的力，你可以藉此去改變某些事，也就改變了你自己。

這道理也可以反過來類比，一群沖下山的石頭激起了塵埃，產生了熱力，或形成、或借助或混合了一陣風沖上去，吹動了旌旗，或將塵埃散佈，填滿一些凹處或鋪平了一些道路，都是很自然的事。

況且，世界本來就是變化著的。

四　合作或者滅亡

宇宙化生了我們——人類社會，當然是包含了極高的智慧的，這智慧就藏在自然基因之中，而做為自然之子的我們，每個人都只分得了一小份。

生命的從無到有，從低級單細胞生命到人類意識的產生，世界已經發生了兩次質的飛躍，現在，第三次質的飛躍也已開始，——是人們對資源的充分利用。分為兩個方面，一個是向內——對人本身，包括個體與群體；一個是向外——指除了人以外的環境自然。

這裡我們單說其中的一個部分：向內——人本身——個體與群體。

我們每一個人，是自然基因的一小段，就像人類單一的基因一樣，能量和功能都很有限。但當我們有機的組合起來，形成良好的組織或集團，總體的能量和功能卻能夠指數級擴大，從而創造無窮的奇跡。

人們是合作的嗎？

是的

人人是平等的嗎？

不，人天生就不是平等的

(一)人天生就不是平等的

人是自然之子，但只是自然基因序列中的一小段，出生時從自然基因序列上脫落，從此與自然同行，並彼此通應。每個人攜帶的基因不同，可以比做天空中被風吹來的種子，種類不同、品質優劣不同、能量大小不同。落下的時間和環境不同，所以每個人的體貌、性格、際遇等會有非常大的差別，這種差別注定了其在社會競爭中的不同。所以，絕對意義上的平等是不可能的，是沒基礎、沒理由也沒道理的。

(二)人在群體生活中的地位應該是平等的

人們在群體生活中的地位應該是平等的，包括平等獲得生存、發展機會以及獲得幫助的權利等。

為什麼？

從人類發展的歷程看，人類從出生到獲得獨立生存能力的時間非常長，大概占到其整個生命的四分之一強，這一時期的人（未成年）必須借助家庭（群體）的庇護和培養才能成人，那麼家庭（群體）就必須為其提供生存所需要的條件，而且這種被提供的條件必須為家庭成員間的平等，否則，新生命便不得生存，家族便不可延續。那麼，從源頭上說，平等其實是族群生存的必要條件。

那麼，有沒有不平等呢？

當然，但也就有爭鬥、有內耗、有淘汰，而最終留下來的，一定是內部個體比較平等的族群。

(三)群體地位平等是客觀的現實需要

絕對的平等是不現實也毫無意義的，群體地位的平等才是客觀的現實需要。人們會承認因先天優勢和自身努力帶來的現實差異。即當

一個人的財富和地位是因為其先天優勢或自身努力得來的，人們會以為是他應得的，會承認這種不平等。而當一個人的財富和地位是通過不正當手段獲得的，人們就會反對。主要包括以下幾種：

（1）因機會不平等而導致的不勞而獲。比如某個地方突然出了金礦，周圍的人就會抱著「見者有份」的心態去分一杯羹；或某個人突然得了不義之財，人們就會要求他分大家一些。

（2）因繼承而導致的不勞而獲。繼承是人類社會發展的必然，對於族群來說，前人留下的所有文化、思想、技術、資產、領地等等都可以繼承。但是在私有制條件下，當某個人的資產過於龐大，而由他無所作為的繼承人繼承時，人們就會以為他的繼承人在不勞而獲，是違背平等原則的，不公正的。所以許多國家對高額遺產征重稅，更多的國家也逐漸實行起來。

（3）違反社會秩序或法律的非法所得，比如詐騙、偷竊、貪污、公權私用等，其實是破壞群體利益或社會秩序的，人們當然不會認可，而且還會通過集體的力量懲治他。

總結以上我們會發現，族群要生存，內部必合作；內部要合作，個體必平等；個體要平等，自身必爭取。否則便是被淘汰，滅亡。

二
三度
——秋風吹來的沙盤

一 鏈接——時空的路口

從我的〈智慧家地圖〉中的一句話說起吧，「智慧即範圍內的所有種可能」。

這裡所說的「範圍」，是指原生基質與固有規律的，原生基質再包括物質和能量，固有規律又包括已經發現的和尚未發現的。

這句話還可以延伸，比如，未來即範圍內的所有種可能；或世界即範圍內的所有種可能，似乎大概也通。

「所有種可能」能夠使我們想到更多，比如生物的多樣性、無奇不有的世界以及它的過去、未來，或者各種不同的人以及「世界上沒有兩片同樣的葉子」等等。

而時間是季節的視窗，決定我們所能看到的，我們「在春天看見花，在秋天看見果，在冬天便只能看見光禿禿的樹枝了……。」

——〈智慧家地圖〉

所以我要叮嚀你，當你思索於世界，一定不要忘了，除了你眼前看見的，還有其他季節裡我們不能看到的，它不是一個面，而是一個無限延長的彷彿圓柱體一樣的東西。

我們來看看數學，兩種因數的集合裡有六種可能。我們用1、2表示，它們分別是：

1、2、11、12、21、22。

三種因數的集合裡就有三十九種可能：

1、2、3、11、12、13、21、22、23、31、32、33、111、112、113、121、122、123、131、132、133、211、212、213、221、222、223、231、232、233、311、312、313、321、322、323、331、332、333。

即，儘管是繽紛的世界，其實也許只是少數基本因數按照一定規律組合的結果。所以說，向內尋找應該是比較容易的，即使只有影子，不太確切，也好像不錯，並且，那裡是做得開端的；但向外尋找就很難有把握了，也許只能去集中精力的隨機應變，卻永遠找不到根。

時間點是季節的視窗，那麼來看看我們眼前的世界吧！我們生活在地球，不同的時間點，每一個不同的位置，景象都不一樣：溫度、濕度、光照、壓強、磁場、射線、元素、電壓……。

當地球有了生命，其實是增加了一個量級，就像兩種因數的組合變成三種因數的組合，其狀態的結果是瞬間暴增的。而到再生出智慧來，又不知增加了多少量級，景象就更加紛繁難料了。所以，你可以把地球當作是一個蛋，其中有生命，而終有一天它會破殼而出。

你：破殼而出？那它是什麼？

我：大概如傳說中的鳳凰吧，涅槃重生來的。

你：涅槃？

我：是的，很久以前的高級智慧生命，早先安排好的

你：就像愛因斯坦說的那句：一切都是安排好的？

我：對。

你：一大群麼……還是一個？

　　我：一群，也是一個，就像剛剛降生的我，是一身細胞組成，這些細胞科學又協調的組合合作，每一個都不是完整的我，但每一個都攜帶我完整的基因，每一個細胞發揮的作用以及存在的意義都是為了一個我。

　　你：為什麼涅槃？

　　我：為存在。當時，那個高級智慧生命是可以窮自然之理的，當不可抗的災難降臨時，他便做一個胎胞，把自己植入其中，就像一粒種子走過冬天，當春天來臨，他便重新萌芽、長成。

　　你：那麼，將來呢？

　　我：像一棵莊稼，春生、夏長、秋收、冬藏，而一步步成長、進化。

　　你：永生？

　　我：不一定，還是說那棵莊稼，在不同的季節，其實是有不同的軟肋的，一場倒春寒能讓初萌的幼芽夭折，一場冰雹能將盛開的花兒打落，這些都可能使它不能在秋天結籽，而夭折於嚴酷的寒冬之前。或比如我們的現在，如果不能儘快發展出相當的科技，一次小行星撞擊就可能讓地球毀於一旦。——當然，也許不會，因為一切都是安排好的。但我們不能確定，我們不能知道當下在哪一層通道，我們不知道還有沒有其他通道，所以，未來還是未知的。

　　行文至此，突然想到生命的意義，從最根本上說，為存在，去探索並創造，是不是應該算第一位的呢？

　　你：扯遠了吧？人都是要死的。

　　我：不錯！人都是要死的，但你說的是肉體的生命，而精神的生命不同。人類社會，當文明進步——產生思想——形成體系——編制程式——建立組織，繼承——進化——傳揚。當你融入於內，去支

持、奉獻、創造符合於自然規律和文明前進的東西，那時間，你的精神的生命其實是沒有死的。它或被記入歷史，供後人學習和懷念，或被記入基因（——請參看〈論養生〉），給後人繼承或發揚。你看今天，我們所享受的前人留下的福祉，不正是精神與靈魂的生命所在麼？

當然，肉體必不可少，比如一株植物的花葉，春天生、夏天長，供奉出秋天的果實來，當種子成熟——我們的認知與修為的又一次遞進，枯萎的枝葉——我們衰老的身體，其實是正應該被拋棄的舊殼了。

你：還是扯那麼遠，我是說自己、實用、眼前。

我：我所以要你讀我的其他文字，就是要使你懂得這世界的寬與高、深與淺。一個正確認知都沒有的人，怎麼可能輕易獲得或把握這世間的美好呢？「人是自然之子，但只是自然基因序列中的一小段，出生時從自然基因序列上脫落，從此與自然同行，並彼此通應。每個人攜帶的基因不同，這可以比做是天空中被風吹來的種子，種類不同、品質優劣不同、能量大小不同，落下的時間和環境不同，所以每個人的體貌、性格、際遇等會有非常大的差別，這種差別註定了其在社會競爭中的不同」（〈說人長短〉）。而你的眼前，就是要明白這種不同，不是怨天由人，而是將當下的自己儘量發揮的好。——是的，你去看，我那裡已經有現實的方法和路徑了。

你：但是，卻更多的人說「萬般皆是命，半點不由人」，那麼這個人生，我還奮鬥它做什麼？

我：不！那都是俗人的局限，而你現在還這樣想，一定是沒有讀或沒有讀懂我的文字的原因。應該說，直到今天，人類的智慧才只是一個開始，從體力為王、到動力控制、到自動控制、到人工智慧的深度學習，到與自然經絡的有機聯結，每一次都是顛覆性的，都將改變人們對這個世界的認知。「而認知即作用，發現即影響，心動即源頭。任何話，當說出口，便留在過去；任何事，當修於心，便會有將來。」（〈智慧家地圖〉。）

在對於術數的解說──借此以瞭解自然機理上，我特意有這樣的說明：

「新的事物──機器自動化、人工智慧、企業、學社、黨派，有其自求生存、自我適應、自謀發展能力的，其實已經是一種『生命體』。是可以對世事產生巨大影響力的。比如一種思潮（極端思想）形成一種勢力（恐怖組織），傷害了無辜的人，而整個的社會都來消滅它。那麼與其相關的人、才、物則都會為之變化。但古代的陰陽學家們卻不能料到這一點。所以，如果仍然拿過去的方法去推斷，那麼結果一定是錯的。」

不錯，世界是反覆運算的，但也是層層累進的，而如果我們不能站在頂層，就不會是自己的、命運的、世界的主人。

你：那麼，新的開端又是什麼？

我：是組織、是合作，是知全局而安身一隅，是共謀生而同仇敵愾，就像一些細胞組成一個健康又智慧的人。

你：但人們卻在爭奪。

我：當然，一切事物永遠都逃不脫自然規律，生命間的競爭在所難免。但如果從更大的時間跨度看，幾十年以前的以前，人們還饑寒交迫，或為活命廝殺。而生活一旦安定又物質充盈，對於物質以及物質所能帶來的歡娛，眼前一時的狂熱，我的以為，倒也不以為奇，或者說是難免的。當然，極欲的肉體很快會麻木，而思想藝術以及精神智慧帶來的快樂將增長。不久──但有些人覺得很久──大概幾十上百年，當良好的秩序和時尚的風氣形成，野蠻的爭奪自然也就沒有了。

你：沒有爭奪就好了，大家平和、舒服。

我：啊哈！誰不是呢？誰不想舒服呢？越來越自由，越來越符合人性、升級、進步。但是，文明的起初，世界難免被少數人掌握的，而大多數都是被統治的平民。當然，平民也分優劣，比如，有思想方

向的和沒思想方向的，不如我們做個測驗吧，我問你一些問題，如下：

> 你是否遭遇過無知和野蠻對待，希望改變過它？
> 你是否遭遇過不公和陰謀陷害，發誓消滅過它？
> 你是否有過美麗的願望或理想，要去實現過它？

如果你的回答是肯定的，那麼應該說，你是比較優秀的思想上有方向的人。

再繼續：

> 你是否敢於為探求事實真相而執著深入？
> 你是否願意為了後人的幸福去推動社會進步？
> 你是否能夠胸懷天下、甘於奉獻、與同路人砥礪前行？

如果你的回答仍然是肯定的，那麼你已經可以做人群的引導者了。

天地生萬物，各得其所宜。本來是的。比如此時，你喜歡思考，又有緣看到了我的文字，能有感觸或認可，其實是你應該得到的，或應該選擇的。

你：這道理沒有不對，但第一步，我好像仍然要踏進那世俗的迷障去。

我：不錯！我們就是要面對這個亂糟糟的世界，無可奈何的去清理那一團亂麻。但好像說難也難，說不難也不難，只要邏輯在，任何事情就沒有不能解決的。

還有一點，就是我們應該相信，一切都是安排好的：

當一些有志之士，為社會的進步與文明，向著光明去的，在某一個時間點出現了，那麼就一定有他的道理，或可以預期的將來。

所以，健康的，讓它生長好了，當然，你願意，你也可以。

二　趨勢──未來是一條簡單的線

很多人會好奇於將來，是否在我們的想像之中，或更超出想像，或任何天馬行空的想法都可以實現。那麼，當一切以現實為基礎，為出發點，應該，或者可能，是怎麼樣的一個趨勢呢？

我覺得，應該首先有一個方向，這個方向是因人性的本味訴求而決定的，雖然人性本味的訴求也會隨著文明的提升而提升，或隨著環境的改變而改變，但其動力基礎與最終目標是不會變的，所以，這個方向還是能夠基本確定的。我的以為是：

將來的人類社會，是各得其所的精細分工，各安其位元的科學組合，雖然難免有高低貧富，但每個人作為公民應有的權利和義務平等。崗位只是一種單純的職業，並無貴賤之別。無論政客、科學家、資本家或平民，大家都遵守同樣的社會行為規範，各取所好、各展其能、彼此尊重。所有人生活的目標一致，都是民生、科技和未來。

可能有人會說：「不是吧！不是應該人人平等的嗎？」

不，這個問題應該就是問題本身的問題了，的確，雖然說起來有點繞，但道理卻明瞭，生物世界為什麼是多樣性的？不是有參差不齊，又各有優勢，再相互組合，才有這強大的生命迴圈嗎？人類的智慧不就是這樣在其中生長出來的嗎？

人人平等應該是人們在社會事務中的平等，即每個人享受生存、發展、受教育、公共福利的權利平等，以及他應盡的義務，而不是人人平均。

即便，假如，一定要每個人都平均起來，那麼這每個人生來的模樣兒秉性，個個不同的，怎麼辦？不是荒唐了？

說到這裡，也許可能有人會慌恐：「那麼，國家呢？軍隊、民族、戰爭呢？」

的確，從歷史上看，從來是有那麼一群人的，他們因駕馭並榨取民眾而生存，並且自以為理所當然。的確，當然，也必須承認，在人類的蒙昧之初，那時還沒有文明，一切以自然法則論定，人們之間的欺凌與壓榨其實是難免的。但隨著文明的開化，漸漸的，就不會了。將來，所謂國家、軍隊、民族、戰爭，這一些因專制、敵對、各自分散而曾經存在的概念都將走遠、淡化、消失。

為什麼這樣說呢？因為有事實的依據在：

一、世界是多國家、多民族、多文化的，因為競爭與生存的需要，各自都是要打開門的，經過無可迴避的博弈與交流，相互間的科技、資源、文化等是會取長補短並漸漸融合的，那麼這也就等同於成為了一個整體，這個整體之間的聯接會越來越緊密，並且因為是多元素和多勢力的參與，相較於各自封閉的當初，其發展也會充滿活力。而一些閉關鎖國的國家呢？那一定是極少數的，或一定是極權，與世界發展的主流相比也就顯得微不足道，其發展當然是落後的，並且最終也必將因落後而消亡。

落後，就一定消亡麼？

是的，畢竟我們只有一個地球，誰都逃不了物競天擇的生存法則。要注意，既便是文明世界，同類間的文明程度仍然不可以差距太大，否則便會噬食。比如，同為靈長類，人們卻在吃猴腦；同為智人，人們卻販賣黑奴；或同為當下，人們利用原始部落開發旅遊，但

卻無心讓他們融入現代社會；或在將來，當文明高度發達的聯盟面對文明極其封閉落後的弱國時，或對其不人道的統治或落後的制度，很可能就會形成輾軋。所以說，落後、閉關鎖國是一定沒有出路的。

趨勢是本來就有的：

趨勢是本來就有的，正如自然法則，不是我們創造的，也不是我們發現它之後才發生作用的。

趨勢，是從無知蒙昧，到無知無畏，到狹隘自私，到互惠互利。

趨勢，是從為生存而戰，到為欲望而爭，到為自我而治世，到為眾生而大同。

趨勢，是從混沌中分離出純粹，發現其個個不同，又科學組合，發掘潛用，製造新生。這種新生是從此就有了生命的，它亦更一步進化，而最終留下的，唯有智慧與文明。

趨勢是不會變的。

誰有人面對這世界而手足無措嗎？或追問將來，關於生命的意義和價值？

當然有，但好像抱著樸實之心的少，輕浮或淺薄的多，他們往往既不能心懷感恩與尊重，學習和審視歷史；又不能剛正驍勇，堅持正義和公平；更不探索天道物理、變化源頭，去尋找堅實可行的路。而只臆想、聒噪、怨憤、譏諷，什麼用呢？

所以，我很想提醒：不急！踏踏實實的，做好兩件事就可以了。

（一）認知的深入

認知的深入，是從個體到大眾，從存疑到驗證，從博弈中創造新生，不斷的堅持下去，一層層上升。

（二）認知的普及

認知的普及，應該像甘霖灑向大地一樣，普遍的滋養。而如果人間有不平，就會聚為洪水尋找突破。有高山之勢的，會沖刷出平原；有上游之勢的，可以輾轉於江河；有工匠之巧的，也可以趁機開源引流；不能彙集的，則可以潛滋暗長、蓄勢待發。

總之，上善若水，是可以不息的。

科技改變生活，日新月異。今天，當互聯網能夠實現資訊的瞬間傳遞，電腦技術以及應用飛速發展，個人的力量其實是可以迅速放大的。

放大多少？

不確切，非常大吧！可能超乎想像，或者很少的一群人就可以改變世界，也不是不可能。

這，也是一種趨勢。

三　感覺──找回遺失的自我

這篇所說的感覺，大部分卻是在說自我，說自我本身就是在感覺，或者你可以稱它是自我感覺，所以，加以自己的偏好，篇名還是叫感覺吧！

首先定義自我，在心理學中，自我又稱自我意識或自我概念，是

個體對其存在狀態的認知，包括對自己的生理狀態、心理狀態、人際關係及社會角色的認知。

　　也可以這樣理解：自我，就是我以為的自己的全部，包括我的長相、我的性格、我的能力、我的社會關係以及我自以為的活在這個世界裡的樣子。

　　自我是完全主觀的，所以不可以說對錯。自我又是自信以及所有行為的原點，所以又往往難以撼動。那麼，當我們要正確的認清、把握或發展它，就不得不拿出合乎理據、系統完整且經得起考驗的事實來。是的，必須一步步來：

（一）自我的架構

　　首先，自我是什麼？是的，就是我們給它的定義。

　　然後，自我在哪裡？

　　好像應該說：在我的身體裡，在我的思慮之間，在那個專屬於我自己的心靈田園。我可以培育，可以耕耘，也可以改造甚至來一個大翻轉，都不定。我的遐想可以廣闊無邊、當然也可以極其荒誕，我在那裡有一個大宇宙，除了我，誰都不知道。

　　可能會有人說：我可以用讀心術呀！觀察你的微表情，測量你的腦電波。

　　不，你做不到，因為理論上不通，人的大腦功能是可以精微到「發現即影響」的層級的，你跟不上。

（二）自我可以脫離身體而獨自存在嗎？

　　答：不能。並不是所有思維活動必須以肉體來供養這一層意思，而是直接的，自我其實是肉體的映射。

　　前章中我們談到過，人是自然之子，身雖生於父母，但卻承載記

錄著生命誕生以來的全部資訊，自然（遺傳）造就了我們不一樣的身體，不一樣的身體（生理特點）具有不一樣的性情（性格趨向），呈現固定的五行對應規律，一個人內心的驛動與身體的狀態正相關，即內心若通透，身體也通透，心裡放得下，身體也放鬆，肝氣條達，脾胃健康。反過來，心裡想不開，經脈則阻塞，思想有鬱結，五臟則不調，病痛自來，寢食難安。所有身病都是心病，所以修心可以改運；所有心病亦是身病，所以藥石可以調心。如果能雙管齊下呢，則會更好。

但如果病入膏肓了呢？就是病人心理上鬱結閉塞，再聽不進所有道理，生理上亦衰竭至極，再不能接受所有藥石的作用，那麼再高明的醫生也是沒有辦法的了。

「鳥欲高飛先振翅」，是感受自我的存在與力量嗎？

或在牠休息的時候又為什麼收緊羽毛？是自覺於天地之間，明白哪裡才是原本的自我嗎？

不懂，但好像，沒有羽翅是飛不起來的。

（三）自我可以脫離社會而獨自存在嗎？

極端一點說：可以。但一定是原始、低級甚至退化的。除非你永遠不走進社會，否則一定會被視為不正常、不健康，這裡的「正常」是指符合於群體價值觀；「健康」則是指可以使自身高效進步、發展以及強大的意識和狀態。

一般意義上的答案則是：不可以。

做為群居動物，當你走入人群，你的方方面面就會與群體交織聯繫在一起，可能你會主動加強或淡化這種聯繫，但你的一舉一動已經與這個社會密不可分。自我，已經是被滲透、或無覺間經受影響的流動的東西了。

　　當我們年少，初入社會，我們往往覺得自己並沒有什麼不正常或不健康，而感覺整個社會充滿了荒謬。當經過時間的歷練，並與他人的觀念產生碰撞，知識又不斷的積累，我們才會發現每一個人的當初都是偏頗的。都必須通過與他人、環境、歷史的映照才能辨清自己。就像月光裡的竹子，乍一看，照在地上的「千個字」是自己，其實不是，當月亮位置變化，或風來擾動，一切就都變化了，而只有通過綜合的分析研判，我們才可能比較客觀的認識到這棵竹子究竟是什麼樣子。

　　每個人與世界的聯繫都是一樣緊密的，都是可以「牽一髮而動全身」的，在社會生活中，能夠認清自我與現實，且可以安身立命、順勢而為的是智者。能夠施展自性而改變世界的是強者，強者的自我在威勢之中，小可以帶動四圍，大則可以兼濟四海。既是智者又能做強者的自古未見，大概也只能是造物了吧。

（四）模型

　　自我，也可以通過模型來說明。你首先想到一棵樹，當初是一粒種子，沒有萌生，但帶著基因，就像我們降世以前。

　　萌芽之後長成幼苗，再從主幹長出來主枝來，顯現它大概的樣貌，雖然也受一點環境的影響，但主要的特徵卻仍然是基因（基因攜帶的本能）決定的。這個時候你可以分辨出它的品類，是一棵海棠或者雲杉，但很難預知它將來的模樣，就像我們的童年。

　　從一棵幼苗長成大樹，是基因裡帶來的本能在軀殼中伸展，環境所能提供的營養、光照、空間、有目的的修剪或者意外的戕害等決定我們能夠長成的樣子，的確，我們本來是一株海棠或雲杉，但現實卻造就出千千萬萬種不同的模樣。

　　我們可以選擇嗎？

那麼，你開始思索了嗎？——這裡應該反問。

思索是你的內心凝聚，從此可以調動體內的能量，並使這種能量運動起來，它是一種跨越層級的存在，是能夠讓你在新的層級做新的選擇的，於是，你可以有意志，可以生長為一種形態，或婀娜多姿，或高大偉岸。婀娜多姿可以有萬千種不同；高大偉岸亦可以有不同層級的氣魄和膽識。

你可以有情感，那就是枝杈上的花兒，或鮮豔熱烈，或高貴清雅。鮮豔熱烈可以有不同的色彩和溫度；高貴清雅亦可以有不同的風格和品味。

你可以有修為與建樹，就像那棵樹結了果子。也可以有凝聚與傳承，就是那棵樹留下了種子。

你一生所能做的選擇都很有限，所以難逃命運的流矢，但你會自癒傷口。

有蟲害來危及生存，你也會釋放毒素，抑制它的侵害。

你以此呈現著在這個世界裡的樣子，接受遺傳也發生變異，你一直不斷的調整著自己，同時也在一定程度上改變著這個世界。

（五）萬物有靈嗎？

可以說是，但不如說萬物有能（能量）來得更為嚴謹和科學。做為人，能夠覺知、觀察、進行邏輯推斷或想像，並可以對外界施以作為的，我們稱他為靈。但除此之外的，尤其是小部分或枝端末梢的，卻只能稱它為聯繫或神經，它們的中心或主宰是靈，或者也可以直接說就是造物。

既便是做為靈，這個世界上，我們能夠覺知到的其實很少，我們可以在大的範圍上無限囊括，卻不能在小的範圍上細究太多，我們可以問，但只能知其一，不能知其二，所以對於智慧，我們不應該抱有

不切實際的幻想，並不是你足夠博聞強記心思縝密了就成才，而是你邏輯清晰、方法正確了才優秀。

　　世界是一個無限巨大的神經網，每一個人只能是其中的一個神經元或小範圍的區域中心，一個人永遠不可能把握全局，所以必須合作，而且要科學。

　　著文至此，此時又此地，卻依然是在蠻荒之中的，說智慧，只能是些最基本的常識或最簡單的原理，當然，也是最根本的路，但是，智慧的門仍然是關著的，門外仍然是野蠻的廝殺、貪私的詭詐以及無奈的跳避或蒙昧的掙扎，我不能使他們即止，卻是自然的規律，那麼，就留下這文字吧。

　　愚昧無知者看世界，總以為簡單，所以他的快樂也簡單，他一直在命運的圍欄裡走，無知無覺，任生任滅。

　　追求智慧者看世界，總發現神奇。所以他的快樂也多彩，他會循著自然的原理一步步追尋，先知先覺，超然超越。

　　當你開始思考，內心的靜謐之地，感覺如枝蔓打開、伸展，是你自己在生長，你的手總會碰見別人的手，或命運之神的手，或造物的手，那麼，挽住它，你便得救了。

三
論各得其所

　　古人云：天地生萬物，各得其所，誠然不錯，那麼我們再來進一步深論，只關於我們——人。

　　前面說過，人之不同就像被撒落人間的種子，有不同的品種和蓄能，處在不同的季節，落在不同的地方，產生所有種不同。如果，如果我們尚且沒有自我意識，那麼就會像其他動物一樣，聽從環境的安排而生死興衰，幾乎完全固定，那麼每個人的一生就是一個「定數」。但當我們有了意識和智慧——雖然仍不能完全跳出命運的窠殼，卻可以認識世界，並且隨著認識的深入，我們會盡可能的為自己創造良好的生活環境和生存空間，那麼後來的一切就會大不相同。

　　那麼，依據命理的推論是不是都不靈了？

　　不完全是，看修為。

　　命運是一張網，與生俱來，又如影隨形，隨著時間的遷移，你走它也走，以對應的禍福給你。你超前它會阻你，使你歸命；你落後它會推你，亦使你歸命。這種拘你入命的力量就像包圍你、保護你、束縛你的一個透明氣囊，有一定的力度，不容易逃脫。但是，如果你突然得了外力的幫助，或因內心激動而產生了超常的力，便可能刺破它，進入另一個空間，或稱之為層次。

　　但在這個新的空間或層次裡仍然有一張網如影隨形，你走它也走，以對應的禍福給你。你超前它會阻你，使你歸命；你落後它會推你，亦使你歸命。這種拘你入命的力量就像包圍你、保護你、束縛你的一個透明氣囊，有一定的力度，不容易逃脫，但如果你突然得了外

力的幫助，或如因激發而生了超常的力，便可能刺破它，進入另一個空間，或稱之為層次。……

「再窮也要往富人堆裡鑽」這句話是有一定道理的，即主動選擇更高層次的環境並力求融入，的確可以在一定程度上使自己得到提升，但須注意機遇和實力，否則便可能被隔離起來，成為無謂的犧牲者。

你可以想到螺旋上升，但並不是，「一首歌曲的主旋律」沒有變。但層次或空間不同了。

人類文明的發展是加速度的，人的命運變化亦然。因為正有人類智慧造就的程式、思想或組織，已經漸漸俱有生物體的特性，即自增殖、自我調整、自保持、自發展，它不但參與到我們的生活中，而且以迅速增長的力量影響整個世界，而這一切，又可以是複製黏貼的……

想想看，這裡是不是有無窮的潛力？當你已經清醒，並且因時因勢的努力了，但結果讓你很不滿意，那麼，你便可以去自建，或獨立創造，或者努力於群體，當你可以用思想、程式、組織來為目標鋪路，那麼就會有無限光明的未來。

由此而知，其實不止在最初的時候，而可以是生命中的每個節點，你作用，它便給你結果，你作用，他便給你結果，一切在變化，但卻是一個定數——那些規律，讓世界各得其所。

四
占卜、意識因應和其他

　　占卜，是預測未來吉凶禍福的一種方法。一般人會以為占卜不過是騙人的把戲，其實是不確的。占卜，古時候也叫問卜，是個體——個人——面向自然的發問，是如投入水中的石子可以激起漣漪的，或如山谷中呼喚的人可以聽到回聲。是可以從中窺見一些玄機的。

　　正統的占卜，科學的講是有其現實意義的，但其過程應遵循兩個基本原則，即占卜師的專業技能和求卜者的誠意配合，只有完全具備了這兩個條件，占卜的作用才能真正體現。

　　首先說一下我們自身人體，這大自然創造的有著最高智慧的精靈，是「有相當能量的小宇宙」，他受自然原動力的驅使行走於生命軌跡之中，但同時對外部世界產生認知和影響；他即可以通過感官和被動雷達樣功能接受外來資訊形成記憶和不被自己察覺的大量潛在記憶，又能夠像主動雷達一樣發出生物波獲取周圍的資訊，這種雷達樣功能具有非常的穿透力，可以在瞬間獲得巨量的資訊，比如當你集中精力於身邊的某個人時，你的這種功能可以瞬間探知這個人的海量資訊。當你凝神於一本厚厚的字典時，你的這種功能就會探知字典裡的幾乎所有內容。當然，這些被探知的資訊並不能進入你的意識層面或形成記憶，而且會隨你自身注意力的轉移隨時消失，但在你的精力高度集中於其時，這些資訊卻可以為你所用，在你不自覺的狀態下參與資訊處理。說到這裡，我們有必要借用心理學研究中的幾個概念：意識、潛意識、下意識。

　　意識：是指生物由其物理感知系統能夠感知的特徵總和以及相關

的感知處理活動。心理學中，人們把它定義為一種人所特有的對客觀現實的高級心理反應形式。

潛意識：是指潛藏在我們一般意識底下的一股神秘力量，是人類原本具備卻忘了使用的能力，也稱為潛力。與顯意識相比，潛意識中信息量非常巨大，但人們卻很少主動利用和發掘它。在人體極度放鬆、受圖像以及帶感情色彩的外部刺激、或在人的主觀條件下通過一定的方法挖掘時，潛意識往往能瞬間轉為顯意識並釋放巨大能量，使人做出連自己也不敢想像的事情。比如人在受突然刺激下的應激行為和能力改變，比如一些奇才、奇蹟，也包括氣功和瑜珈等。

下意識：人在潛意識支配下的不自覺行為或行為趨向。

瞭解這些之後，我們再回到占卜上來，首先，求卜者帶有明顯目的性，即想要得到某方面的釋疑資訊，當求卜者集中精力於自己的求卜目標時，身體已進入非常狀態，此時，他的五種感覺，即視覺、聽覺、嗅覺、味覺、觸覺都已進入受抑制狀態，而為求卜目的的資訊通道則完全打開，他的身體一邊無覺的調動記憶和潛意識中的大量資訊，一邊不自覺的打開人的雷達樣功能搜尋卜具（無卜具的占卜則大約是人的五覺常態下所能涉及的能力範圍內的資訊因數）和占卜師（如果有）的大量資訊，同樣在無覺狀態下對其大量資訊進行處理，最後形成下意識行為得到求卜結果。

求卜的整個過程雖然是受主觀意識的驅使進行的，但其大量資訊的調動和處理卻是在人體不自覺的狀態下自動完成的。

再說一下資訊流，在我們的眼前，隨便的打開一個平面……比如你手裡拿著一個空的鏡框……鏡框裡面的平面。想想看，通過這個平面的資訊有多少？關於光，關於波，關於磁，以及射線和力等等，或者如果可以拿高科技的儀器來測量，看看那些資料，這是我看到的一無所有嗎？

　　我們能知道的事情很少，我們不知道的事情更多。我們能做的事情很多，但實際做到的其實很少，關於易，關於術數，關於萬物運行以及化生的力量，現在以及將來，尚須我們一直的探索下去。

　　宇宙運動為萬物化生之源，地球是宇宙的一部分，它被宇宙鑄造並與它一起孕育了地球文明。這好比《聖經》裡的亞當和夏娃，亞當──男人──從身上取下肋骨變成夏娃──女人，並與她一起生育了孩子──人類。

　　相同的道理還可以推廣得更遠：宇宙與地球一起孕育了山川，宇宙地球山川一起孕育了原始生命，宇宙地球山川原始生命孕育了高級動物──人類，一切在推進……文明產生了，文化主掌人心，科技撬動資源，所有形而上都成為力量。力量在鬥爭中推進，不斷更新……

$$1$$
$$1+1/1=2$$
$$2+1*1=3$$
$$2+1*1+1*1=4......N$$

五
論養生

　　養生，是指人們對自身人體的科學把握與善待，以使其長壽並提高生存品質的方法總和。

一　壽命與生存品質的取決條件

（一）天賜因素（即先天因素）

　　賦予人的生理特點以及流年因素對健康的影響。這種影響與其時的運勢表現同步，即運勢差的時候身體狀況也差。運勢好的時候健康狀況也好。人的先天五行如果健旺順暢，則抗逆性強，不易得病。如果殘缺塞滯，則身體羸弱，常常多病。五行有缺陷的人如果在流年中得以補足，則會變得健康，運勢好轉；反之，如果在流年中缺陷加重，則會身體多病，運勢不佳。

　　天賜因素對健康的影響是我們無法選擇的，但我們可以在生活中調整自己，就像我們應對自己的運氣一樣，可以在一定程度上會有所改善。比如根據自己的五行特點，飲食中調濟五味，起居中調濟寒暖燥濕。適當運動以暢通經絡和改善迴圈等。

（二）環境對健康的影響

天賜相似的人，其健康、壽命以及生存品質會因環境的不同而不同。所以在選擇環境時應該就地域、人文、經濟等等因素時做出綜合考量，改善健康，同時改善命運。

（三）個人觀念以及對養生的重視程度

養生，本應該是理所當然的，既然活著，就應該生活的更好。但許多人因為經濟或個人認識的原因以為養生只是富人的專利，比如富餘的時間、營養等等，但養生的概念和含義非常之廣，也根本不需要什麼條件，如果真要說條件，就只一個，活著，即人只要能活著，即便挨餓，就有談及養生的必要，極度飢餓的人通過練縮陰功（相似於後面提到的「守一」）保住性命，富足奢靡的人主動運動而至健康長壽，本質上講都屬於養生。

二　幾個實用方法

（一）歸藏

　　即兩手向前、左右、向上、向後四個方向抓伸，結合運氣，強健上肢、培固中氣的鍛練法。

1、兩腳平行步站立，雙目微閉，入靜，至吐氣均勻細弱。
2、起雙臂，十指盡張，掌心向下，向左右極力平伸同時吸氣，盡足，意在指尖。
3、卷指握拳，意在拳心，此時更吸氣，盡足，緩慢內拉，至胸前後下行，氣入丹田，緩吐濁氣，自由放鬆。

　　其他三式：上式、前式、後式皆如前。唯手的伸拉方向不同，掌心有別，即上式向前，左右式和前式向下，後式向上。其他皆同。每取一式，須一氣連貫，不可強抑氣，初學者可吸氣略少，熟練後再逐漸增加。式與式之間注意調整狀態，可依照自己的感覺多調整一些時間。

（二）守一

　　人處於繁亂世事之中，難免會身體虛耗、神氣外泄，所以日常之中應給我們的身體以適當的修復機會，如營養與睡眠，防護與排毒等。這裡細說一下守一。

　　守一，類似於縮陰功，即收陰、收肛，緊收於陰處，排除雜念，則濁氣自出，漸至入靜，至物我兩忘，可以自窺，淤滯不能跟隨處為病，可調丹田之力輕輕疏解，若覺漸通，緩緩行之。疏解的時間以自感稍累、舒適為佳，每覺漸進，循序行之，若覺病不再稍減，須借外

力。忌強推、虛耗、枉加設法。

　　除了以上的訓練，在日常生活中也可以隨處進行，如走路扣腳趾，使足心空起，是保護足底血脈暢通、神經不受過多壓迫的守一，如注意不大聲說話、呼喊，是為保護真氣的守一，如儘量保持心情的穩定，是神的守一，如不為俗事輕動，堅持自己的行為，是志的守一，等等，這些良好的習慣都是對身體大有益處的。

（三）守相

　　守相，也可以稱之為駐顏術，即通過練功使人年輕漂亮的方法。說到這裡，不得不借用一些人體科學的知識。

　　人的主要基因，即人體 DNA 的核心內容，我們這裡稱它為內基因，一般不會輕易變化，即使隔代直系親屬之間，其相同率也會超過99%，但在內基因的外層還有一層基因，我們稱它為外基因，它可以因外部環境的影響而變化，並且能將這種後天的變化遺傳給下一代，它不僅有自身的基因功能，而且可以影響內基因的表達，使內基因的表達結果產生非常大的差異。臨床研究證明，外基因的變化能夠直接導致某些疾病的發生。

　　在我們的身體剛剛長成的青年時期，因為受到的外界影響和傷害相對較少，所以那時的我們是「原我」，是內基因、包括先天外基因原始表達的結果，是我們一生中最年輕漂亮的時刻。但是漸漸的，「原我」的基因會因為時間的變化以及外界的影響而老化變形，所以現實中的我們其實是已被銷蝕之後的「後我」，「後我」只會比「原我」更衰老變異，而不會比「原我」更新鮮完整，所以當我們要保持青春時，就必須回到「原我」的基因狀態。

　　看到這裡也許很多人疑惑了？改變基因不是要在具有尖端生物技術的實驗室裡才能做到的嗎？不！人的身體才不去管它，它自有自己

的辦法來解決問題。你一定以為核聚變只能在超高溫、高壓的條件下進行對嗎？人的身體也不去管它，當它極度缺少某種營養元素的時候，它就會通過自己的核聚變來製造那種營養，這聽起來簡直就是天方夜談，但它卻是已經被現代科技證實了的現實。

從前曾有過駐顏術，是可使人顯得非常年輕的。駐顏術本質上是一種養生手段，與其他養生方法原理上其實相似，而且並不能讓人青春永駐，而只能把二、三十歲的容貌保持到六、七十歲，其後便愈練愈難，很難再堅持下去。而一旦停止練習便會很快回到與其年齡相近的狀態。

「原我」是遺傳——先天基因原始表達的結果，它消失於我們的經歷之中又存在於我們的 DNA 之內。我們可以通過訓練使外貌在一定程度上恢復到「原我」——即年輕時的狀態。具體方法是：

1、七平大馬步，前置一鏡，近可自視，尤在面部。
2、兩臂平出，微內彎似抱缸，閉目放鬆，斂息靜默。
3、行守一之法，至小腹自然成翻浪式，周流元氣滋養全身，元氣下沉，兩腳紮根。
4、對鏡自賞，意在少年，調適五官及頸部全身，丹田自應，反覆如此，多做多益。

以上幾式，占地不多，運動量不大，一般人皆可常做。緩壓腿、大周天式每日做為好；八抓須漸進，一日一到二次即可，間隔最好不要超過三日，若多做，須注意吸氣不可太足，以免把持不住，反無效用。守一之法和練相之法不拘多少。若每能入靜，多多益善。

三　運勢與健康

　　人一生的運勢，或者說天賜中的環境因素會直接影響到人體的健康，命運順遂身體會健康無恙，命運多劫則往往病痛纏身，其五行不諧所對應的身體部位也是一定的，比如五行木受傷，則病在肝。如果命主為金，木為財，則現實中往往會經濟受損。那麼怎樣解決呢？就應該在養肝、強肝上下功夫，等身體的五行順暢了，生活中的運勢自然也就會好轉。其他同理。

　　如果我們的身體一直不能好起來呢？

　　那麼就一定要小心了，要全面分析辨清根源，是時勢不濟還是環境不足，亦或者是努力不夠，如果仍然不能轉變，那麼也就應該守命──即修行、靜養、隨緣。此時不要再有太多的奢求，否則便是深淵。

　　人的好運一定是隨著人體的健康和精力而來的，所以欲望上要節制以保護元氣，營養上要保持充足以維持機體，日常要適當鍛煉以強健筋骨。這樣，才是提高生存品質和強健運勢的最好方法。

四　修行與養生

　　修行是精神的自我完滿，養生是肉體的科學調適，兩者相輔相成。

　　修行多生善念，善念生髮溫陽，溫陽引領氣血；

　　修行使人寡欲，寡欲使分清濁，清濁分而身輕健；

　　修行至而思路開，思路開則經脈暢，經脈暢則身康泰。

　　養生，可補先天與時勢之不足

　　使五行平順，可以神安

　　使中氣旺足，心志不餒

　　使靈性得地，促生新知

須注意事項

（一）人的理論壽命是有限的，長壽之法的核心在於減少消耗，過度勞累、高溫、不良的生活習慣、浮躁的心態和疾病都會增加身體的消耗。

（二）補益品不可濫用，理論上講，如果人的吸收功能基本正常，食物中亦不缺乏所需營養時，即使稍微缺乏某些營養，只要不影響日常生活，也不應該隨便補充，因為那樣會使人體自身的吸收能力降低，並對補品產生依賴性。

（三）想要的就是需要的，人體在缺乏某種營養的時候，會對含有這種營養的食物產生趨性；當某種外部環境（冷暖燥濕等）對健康有益時，人也會對這種外部環境產生趨性；當人體處於不良狀態時，會產生改善的欲望或應激反應。我們應該傾聽這種來自身體的「呼喚」，適時調整和滿足，以便充分發揮人體自我適應和修復的潛能。

（四）人體科學是一門極其深奧的學科，無論是現代科學對它的研究，還是傳統智慧對它的摸索，我們離事實的本質其實很遠。所以當我們要有所斬獲，就要敢於探索。

旁門

——一枝獨秀居鄉野

一

壇歌

設壇

設壇？
是的
造物要在這裡脫胎
一切都早已安排

可是這苦難重重？
對　是分娩的痛

我不想見
那就去設壇

設壇
在天地相接之巔
削去山尖

設壇
在黎明已現
遠離開喧囂
身體甦醒的時候

設壇
鋪上拜墊
點上香燭
灑掃香房
高掛戒尺

是的
造物要在這裡脫胎
一切須精心安排

初祭

為必不可免的將來
我要你俯首
不能撥出劍來
就不要輕易開口

我將告訴你這神聖
是要讓人間甦醒
從此向光明而去
不必在暗夜中遄行

我們所奔赴的新境
幸福與意義皆同
以及未來那無限的神奇
是當初的造物在那裡微笑著等

春芽

身邊的世界，用科學的眼睛看它
外來的消息，我用科學的實踐證實
我們用不斷提煉的思辨保證科學的純度
我們用自然發展的原理保證前進的方向

任何人
我不要對辯只說答案
一切就擺在那裡
讓事實證明讓時間考驗

蒙蔽欺心者大罪
鷹犬爪牙者削足
發人之惡者必殺
權弄機關者株連

任何人
我不要對辯只說答案
一切就擺在那裡
讓事實證明讓時間考驗

遇見

世界廣闊又美麗
遇見的每一個你

我都希望是另一個自己
因為如果是的
那麼我就又多了一個兄弟

你看那天際被風吹來的種子
在春或夏的季節爭相發芽
他們要各自生長並且繁衍
那麼
擁擠與爭奪
每一個都沒有罪

物理在碰撞中顯落
心意從審辯間生長
歸諸於光明的　陰暗須漸漸隱去
歸諸於將來的　貪欲請不要阻擋

一切的力　與反作用力
所有的人　將來的秩序
進化或升級
這一切　都是規律

世界廣闊又美麗
遇見的每一個你
我都希望是另一個自己
因為如果是的
那麼我就又多了一個兄弟

正對

是的
在鴻蒙初開的茫野
一定會遇見爭奪
但當這文明之光點亮
我不允許有酷虐
不過多解釋
自然的本來是諧合

當貪婪藏入黑暗
黑暗帶著假面
發狂的自己都不知道是誰的時候
那麼
我要正告你了

我第一要正告造物
可以清晰的　不必再混亂
可以上升的　也不必再輪迴
時間到了
大門開啟吧
給人間以文明
智慧也從此甦醒

我第二要正告君王
當你站在契機的顛峰之上

身邊也早已是深淵萬丈
我只要你竭力躬行
這已然明瞭的未來方向

我不許你為眼前的貪欲更長
胡亂用人性裡的黑暗骯髒
那是極其卑劣又可恥的
否則你將身敗名裂
只落得悲慘的下場

我第三要正告權貴
那些當初的菁英
本來可以神清目明的
卻被強壓著扭曲變形？
是的
這時空已變
是的
你已經可以自由伸展
是的
我要你首先甦醒

我只警告那些無恥的小人
自以為聰明的蛀蟲
知趣點就滾吧
再繞舌
小心你的狗命

我最想奉告我勞苦的百姓
不要再相信那些花言巧語的懲悪
如果上戰場的、被奴役的、受欺淩的都是我們的孩子
我們還有什麼理由不去抗爭？

不錯，這枷鎖已沉痾千年
但它，也正將離析分崩
沒有人擋得住歷史的滾滾潮流
科技會聯通我們麻木的神經
本心會醒來
靈魂將追問
你已經藏不住
怎麼還欺騙？
你無德又無能
憑什麼來橫行？

祝禱

空間向上
可以無限自由的伸展
但化蝶之前
不必羞愧
我們正努力著涅槃
因為未來
有更藍的天

二
說輪迴

樂求輕鬆之世，幾個信口文言？原為精練卻遭嫌，於人於己不便。然佳作經年不朽，總因身性非凡，自來人心好自然，萬向總歸一，留於知音看。

輪迴之辯，不知所以，莫敢亂言。

天道有清濁，人心有善惡，各有其質，亦各有其變。

天道之質，因時而異，順遂而孕育者清，逆亂而戕害者濁。

人心之質，因人而異，向上功成者清，因私妄為者濁。

天道之變，變於循環，彌而見新，層層累進而貴於先，少時見大觀，日久見萬千，分之無靈，聚之成源，為萬物母。

人心之變，在於其識，識又曆新，層層累進，清濁漸明而貴於先，少時見萬千，日久成大觀，單處無私，聚之有德，為萬物靈。

萬物有能，各各相應，日月星辰，河流山川，花葉生靈。得其形而可以自動者謂得靈，靈得聚而可以自生者謂得智。其智巨，順行易，表之難。

道生一，一生二，二生三，三生萬物

動生道，道生形，形生靈，靈生智。

道如風，形比箜篌，靈為音，智為曲。

箜篌亡而音自絕，更何有曲？

此謂靈智生於形、寄於形，形喪則靈散，人死無魂也！

若言道為根，形為幹，靈智為花果，可以復生，則其無形之籽，誰與之證？

或言人之初斃，有沖於人者，其狀呆癡，若逝者之囈語，然稍時即復，常使人以為有魂，其實不然。

人如小宇宙，奉天己成而自運行，有蓄智、蓄能，各各與天地萬物相通應，其妙其微，常人不覺。然若事遇大奇，則其能驟巨，以至近人得感，或夢或覺，不一而齊。

人之初斃，脈絡驟斷，而形骸依然，有狹處周流之勢未可止，無從出，故若滔滔江河之遇截，必至激發，以至沖堤決岸，飛浪盈天，不意之間，卻潤他人之田。

終短暫，勢能盡，形骸銷，必無復再見。

或曰物物相克，相近而不能共生者，多因所秉五行不全是也，五行克即身克，所謂此消彼長，物競天擇是也。

故曰輪迴也！

不若言人有其形也，人有其性也，人有其質也。形，承於父母而身傳與後；性，本味之所出而干與後；質，經世之作為而感於後。上承下傳，因果得報，是謂輪迴。

人可以無後，而必有愛，愛而及他，亦得善報。更發濟世心者，惠於人群，則必英明廣傳，雖死猶生也。

故以告：

人死如燈滅，莫求來世覺。善為此處好，本身即佛陀？

人間智者，順天道，擇美地，發人之善，自滌其質，漸而純，益身家後世之將來也。

天道者，漸進而成之勢也。天有道，道有力，驅之萬物，輾轉不息，漸而成。

地之美，宜居而可生髮者也，風物與人文，各得其所宜、所貞、所守、所生。

人之善，滋養且使興者也。順天應地，先自得福；又扶危濟困，更蔭及子孫；而唯能調理人心者，方成聖人。

三
得樂歌

人無善惡，而先有欲。需而不得，則究其謀。
輕近簡直，人之所好。私於己者，本能難繞。
輕近簡直，人漸知好。獨力難支，所以共討。
輕近簡直，眾望所歸。明以經者，萬世光輝。

人皆如器，其性各異；人皆如械，其能各具。
誤入塵世，枷鎖難逃。榮辱善惡，難能自己。
人間至智，莫過自知；人間至利，莫過盡意。
知而不發，時勢未成。逆而不惑，俗流難持。

人之難逃，命如天網。陽奉陰違，可以暗長。
命生此地，我生彼地。知彼知己，可以治世。

君子治世，首疏人欲。法之以方，適之以趣。
君子治世，當興文藝。風動人向，歸於齊力。
君子治世，當與王伍。引而化之，前途少阻。

聖心所具，萬難中來。得失不忌，慈悲為懷。
聖心即有，願隨心走。篤行天然，歸於自由。

四

論智濁賢愚　富貴貧賤

　　世間億萬千人，倘細分其類，其實不能，或曰一人一類，又難已銘記，故今暫以智、濁、賢、愚四字、又富、貴、貧、賤四字各任組兩字，嬉笑把玩，並試辨世人。倘悅君一笑，則無愧為消磨光陰之大功也！

智　　　為聰明，為機巧，識得大體，解得小樣，知人情之冷暖，審時勢以進退，是為智。

濁　　　為縱欲，為混亂，為不識大體，為不知隱情，追世風之不辨，鑿名利之不察，是為濁。

賢　　　為忠義，為誠信，知禮恭謙，循規蹈矩，從眾生以善舉，遵師長以孝悌，是為賢。

愚　　　為蠢笨，為苟安，置身事外，無心名利，雖鞭策而不覺，非屢痛而不改，是為愚。

智＋濁　為性情之人，今日理正高明，明日放蕩縱情，一朝人頌稱君子，一朝人罵叫渾蟲，多成多敗，亢悔終生，此類多文藝，至死不老成。

智＋賢　為一世聖明，任命運多蹇，不改向上本性，博學多通，慧以人倫，縱業有大小，確人生功成，此類多隱士，出世有大功。

智＋愚　智愚本水火，既濟別樣紅，假愚智者智，假智愚者愚。
　　　　智者惜長生，愚沌福總齊。此事終可辨，總於後人期。
濁＋愚　濁愚最不堪，教之難上難，功德無出處，親朋遭禍端。
　　　　其類多忤逆，罪孽總因前，若不及時改，刑法司以專。
賢＋濁　賢濁本分明，此處賢未聰，以為眾人理，拚死偏要行，
　　　　可憐一腔血，鞠躬做愚忠，縱得一時褒，後世誰關情？
愚＋賢　愚人性本端，也來學聖賢，莫笑功不濟，小為一世謙。
　　　　人前福壽果，人後避讒言，此類縱無名，自詡一世仙。

　富貴貧賤，其意廣明，故只組來看，不作無謂詞。

富＋貴　為通達洞明之人，知世事有興廢，惜人間有冷暖，富而多
　　　　憫，教子有方，修為自饗，名利廣長。
富＋貧　此作兩類——
　　　　一曰身富心貧：
　　　　只看錢山長，不花買命錢。終身刻苦盡，猶惜未延年。
　　　　一曰心富身貧：
　　　　今日酒飯足，哪管明日空？命裡無財聚，逍遙一世窮。
貴＋貧　俗人笑清高，誰解貴者嘈？濟世恬淡處，不與明日叨。
貴＋賤　此亦兩分——
　　　　一曰貴中賤：
　　　　貴人性若剛，自恃人必謗。佛前得賤果，縱貴不久長。
　　　　一曰賤中貴：
　　　　身賤本非願，造化弄人顛。若能放得下，自圓亦神仙。
貧＋賤　貧賤近愚濁，孟浪逐利切。不知天常理，勞心總蹉跎。

　世心繁亂，豈止兩字解得？摻雜任幾字者皆有其人，所以敬請仁

人志士，閒暇無賴之時，一笑足矣，倘不意「知己知彼」，則它日鏗鏘之間，教之不謬也。

　　但注意，向上，本無需激進的，因為，激進反是錯的。則應因時因勢，因地因情，大為當仁不讓，小為樂在其中，不刻求，任性情，不是最好？

五
說欲求

　　求，欲之所動者也。有謀，謂謀求；無謀，謂本求。

　　人之有生必有欲，以如飢之求食，渴之求飲，誰人無？有欲，所以必死。

　　人死無欲，可以永，然亦等於無，故人皆戀生。

　　戀生，憐生，憐生之短，工於其長；憐生之苦，工於其福。然後知有天賜，為之正有後功。

　　人之智，趨利避害者也，人之愚，恣肆張狂者也，而終歸智，盡其利而擇，雋之。其利利己，其利利他而利己，其利利久而利己。眾相所歸，輕鬆而自然，為聖者先。

　　天有其賜，莫執一詞，在其區間，而區間廣。貧者持正勤勞可至八、九，非在名利，便是安閒；富者恣肆任性難免二三，非為刑獄，便是招嫌。

　　祖恩澤厚，只在年少之日；勤謹修為，方得福壽百年？是以須正求、謙謹、勤奮、不舍。

　　然正求與否，有分教：上愚愚下，不可敬；邪教欺真，不可聽；逆自然者，無須理；俗事耗身，不必從。

　　向上知正，循法知明，真誠仁厚，大道不欺。

　　至於嬉皮之士，捉狹之鬼，及無知無識之者，改相貌，以為得相得福；洗腦筋，以為革心革運，哪裡是？

　　改相之相，其實死相，死相無功，何得真使？革心改運，可因本心？向上不貪，做得新人？

只能根葉花果，豈可巧取豪奪？

莫妄求。

六
極簡之簡

　　人間，乍看洋洋大觀，剖解開，其實簡單。

　　人心，看似無常變幻，根究去，還是簡單。

　　從來避凶趨吉，不過弱肉強食，點點是！

　　也因看，有沒有？遠不遠？急不急？

　　當初無識，一餓便急，就近便取，故此，同類也相食。

　　後來有識，懂積聚，知緩急，漸次明理，養著吃……養著吃……分著吃……分著養……生生不能息……

　　物之不齊，在力在智，弱肉強食，全憑此籍。

　　何以強？

　　運動強力，學習強智，交聯強勢，王朝可易。

　　德，來自力相抵，兩傷無利，所以相與，漸轉化仁義。

　　信，源於智相抵。皆用詭，料不及，結果算算，不如守規矩。

　　德、信立，有威儀，至精至誠，禮來記。

　　人生有天賜，各各難如意，人生亦且獨此，唯自多努力。

　　先看古往今來，精華留於後知，次必發奮圖強，斬削愚魯頑癡。

　　心念常常打掃，行走莫逆天時，情至陰陽妙通裡，才是快樂本意。

花園
—— 庸常無忌可高談

一

說痛苦

　　對於痛苦，我最原始的解釋，如果您讀過了前面的文字大概就會知道，出於命運的安排，當遺傳帶來的天性與後天遭遇的環境不洽，便會產生痛苦。痛苦自來就有，無可迴避，只是到了現在，已做為智慧生命的我們可以研究其原理並加以調校，可以讓其減輕，或更具有意義罷了。

　　換一個角度看，痛苦是因為人的欲望得不到滿足，一些地方被扼住了，不能通暢的達到目標，就痛苦，這跟中醫經絡理論中「通則不痛，痛則不通」的道理是一樣的。

　　但是，為什麼會不通呢？

　　那麼我們先來分分類吧！也好分別來應對：

一　關於真理、正義、是與非、對與錯帶來的痛苦

　　首先，應該說現在這所有人，或者說這人間，是貫穿了好多層的，一些人還是文盲、法盲、科盲；大多戰爭的極端組織或國家對付萬物之靈的同類，還是去殺、流血、血流成河；直到現在，既便是最為文明的國家或地區，關於人、人群、國家或社會，也並沒有建立完整的榜樣成果來給所有人使用，讓世界變得和平又光明。所以，你以為！在這原始、自私、無知、狂妄的人與人群之間，還沒弄清這世界的真相，就天真的聽從別人的慫恿，無選擇的誠實、謙讓、奉獻、忠誠，等等等等，那麼，不騙你騙誰呢？想不明白？痛苦了？好吧！

　　很多問題追溯到源頭，往往還是要回來找原因，比如現在說的：真理與正義、對與錯、是與非，源頭上找，根本是沒有的，當初就是為了生存，弱肉強食，還因為那時根本就沒有意識、觀念、意志等等這些東西，也就沒有誰痛苦。而你今天偏偏說感到了痛苦，那麼，一定是你進化了，有了自我，但又不能擺脫所有的困難和問題的原因。

　　應該說，所有一切生命都是在進化的，只不過會參差不齊，雖然會漸漸形成自己的圈子，但總難免會撞上異類，那麼，就坦然面對唄，或機智一點躲開，都比只在那兒痛苦好。

　　坦然面對，須不斷刷新我們的認知，即使會出錯，也要敢於懷疑，不斷追求，才能更接近事實的真相。

　　不斷追求，目標也會漸漸遠大，或散漫向集中，或簡單到精緻，中間難免偏離，但只要遁著遵守自然規律、尊重人本需求的方向走，大概的，就不會有什麼大問題。

　　當有一天，你將這世界大概的認清楚了，退，可以自甘平庸、心安理得；進，可以目標明確，激昂坦蕩。那麼這人生還能有什麼大痛苦呢？

二　情感帶來的痛苦

　　說到情感，是人最獨有的，尤其是重情的人們，常常就為情所困，而無論是友情、親情或者愛情，都可能給我們帶來極為深切的痛苦。那麼這痛苦，怎麼理解呢？先來引用一下前文中的定義吧：

　　「情感，也常稱為感情，是動物為提高生存機會、改善生活品質而進化出的與外部世界的心理聯繫，客觀上表現為一種能力」——〈哲思的原點——說人長短〉

再來說說它的特性：

1. 情感是我們的一種本能需要，擁有時，會感到幸福；缺乏時，會感到痛苦。雖然每個人需要的程度不同。

2. 情感是我們的一種現實需要，它具有價值、流通和信用屬性，是現實生活必不可少的重要組成部分。

3. 情感會因為彼此相似或互補而建立，亦會因失去支撐而喪失，沒有無緣無故的愛。

4. 情感會加強人的精神感受，產生感覺偏差而影響認知，不管是正面的還是反面的。比如「情人眼裡出西施」、「醜女難得有情郎」等。

那麼如何減輕或避免情感給我們帶來的痛苦呢？還是要引進一個概念——情商。

情商：是指正確把握自身精神狀態以應對外部環境的能力，包括三個方面：

一、對自我及環境的正確認知

二、準確把握與綜合決策

三、自我激勵與良好的狀態控制

從情商的定義可知，所謂的為情所困，根本上講，其實是情商太低的緣故，比如：認知不足、盲目付出、界限混亂、缺少自我保護等等。對於如何提高情商，前文〈說人長短〉裡好像已有了充足的解釋，這裡權且省略了吧。

三　欲望帶來的痛苦

人但凡活著就會有欲望，我保證，不信？要麼你餓三天以後再來

回答這個問題。

從生理欲望的飽暖與性，到心理欲望的存在與優越感，到精神欲望的自我與價值感，人的欲望其實是不斷增加的，但也倒不是壞事，因為當我們的追求更多元化，就會少鑽「牛角尖」去走極端，生活是可以更豐富、更平衡或更炫爛多彩的。

因欲望而來的痛苦往往是在人們愈年輕、愈年少無知的時候，他可能還不知道每個人先天的根基不同，後天的機遇也註定了會千差萬別，命運無形的手還正在掌控著他，而他不切實際的欲望卻膨脹了，當然會失敗，當然就痛苦。

可能會有人說：你說了半天等於沒說。

是的呀！當有些人的頭腦還簡單，又不謙虛小心或認真的學一點東西的時候，我的話可不等於白說嗎？不說了！

四 人群帶來的痛苦

人群會給我們帶來痛苦嗎？

當然呀，能夠給我們幸福的，也可能會帶來痛苦，比如家庭、公司、幫派、協會甚至國家，不都是嗎？

那，複雜了！

但是，架得住我懶嗎？就說一小點，想哪兒到哪兒，不可以嗎？

個人能夠使我們痛苦的，可能是背叛、欺騙、壓榨甚至劫掠，我們自可以去應對他，或規避，或對抗，或殺滅，或說服，說不定還能化敵為友。但如果面對群體，可就要小心了，因為它可能更複雜、更衝動、更極端、更難以抗拒，給我們帶來的傷害也可能會更深重、更久遠。比如一次暴動，可能讓很多人無辜受害。一場文化大革命，更讓整個時代的人們都深受其苦。

　　那麼，我們試著來分解一下吧。與近年興起的社會學研究不同，我們只簡單的先將群體為分無組織群體和有組織群體。無組織群體再分良性無組織群體和不良無組織群體。能給我們帶來傷害的無組織群體當然是不良無組織群體，不客氣的說，它們就是一群烏合之眾，這種烏合之眾有突發性強、極端偏執、社會危害大的特點。比如哄搶、某些騷亂、某某熱、愛國 U 型鎖等，對待此類群體，我們一定要有理性的思維、正確的判斷、堅定的價值觀，不要被其輕易裹挾，否則，可能會死的非常冤。

　　有組織群體又分為「一言堂」和「群言堂」兩種，我們習慣上把「一言堂」稱作極權專制，把「群言堂」稱作民主法制，兩者的性質與利害大多數人都能夠知道，我在〈談天說地〉中也有詳細介紹，此處不再贅述，總之，極權專制與民主法制是完全不同的兩種制度，甚至是對立的，當然，民主制度更為先進。據統計，極權專制對社會造成的危害比歷代戰爭有過之而無不及。

　　但這時你可能說：「哦！大了，我沒有說的那麼大，只是我的族人要讓我『裹腳』，我的上司要脅迫我上床，很多人向我索賄我又不得不給，我的房子被拆了卻沒有人管……」

　　所以，讓我怎麼回答你呢？難道你不以為極權專制與民主法治是兩種完全不同的文化嗎？難道你根本不懂它們嗎？或以為群體的制度無關個體的生活？——可能罷！你也許會，或者還有不一批不少的人也會，那麼，都去前章看看關於兩種制度的說明吧，否則，什麼都談不清了。

　　從當初的全部是極權專制國家，到現在的絕大多數已經變成民主國家，世界是前進的，可以參考的經驗並不少。而且現在，當信息技術突飛猛進，整體文化上也有了全面提高，這進程，更可以加快了，比如區塊鏈，它的去中心化就是可以正對極權專制的核心——權力中心化的。

　　極權專制是以一己之力馭萬民，往往就會鞭長莫及或獨木難支，於是就會有各種勢力來趁機作亂，於是當權者往往不得不以惡制亂，於是惡行就塵囂日上，於是人權、民生之類的就沒人管了。

　　而去中心化則是用科學化固定程式管理、不固定人員參與的多中心共管結構。它用群體智慧決定重大決策，避免了國王的極端行為給群體帶來的災難；它用多中心監管衡量價值標準，防止了資訊失真；它系統綜合而組員分散，不會因小範圍的錯誤或離散而影響全域，有較高的安全性與穩定性；解決日常工作時，它使用最精簡組合與最短路徑，能夠大幅提高效率。

　　來，我們先舉個例子看：

　　一個公司，本來是有老闆的，從前都是老闆負責協調各部門之前的關係，遇有部門解決不了的問題，老闆就會組織其他部門來共同參與，而最終使問題得到解決。但隨著軟體技術的提升，我們發現老闆的作用其實是可以程式化的，首先，目標一樣，就是追求利益並使其最大化。然後是協同手段，也基本是同樣的程式，這也像汽車的自動駕駛，只要設定好足夠的反應邏輯和閾值，就能完成完整的指令任務。

　　可不可以不用老闆呢？不，這問法就有錯誤，老闆是整個公司的建造者、所有者和管理者，怎麼能沒有呢？去中心化只是管理上把老闆日常的工作以程式化的制度讓員工去完成而已，就像無人駕駛也只能是不用司機，而不是不用製造商和程式師。

　　那麼，這其中的好處在哪兒呢？

　　最大的好處當然是避免決策失誤。公司老闆的決策失誤可能讓公司倒閉，汽車司機的決第失誤可能會讓一車人喪命，而一個極權國家領導人的錯誤卻可能給整個國家帶來災難性後果。所以，當引入區塊鏈的去中心化，老闆可以建一個聊天群一樣的東西並設定規則，就不用再事必恭親，而是讓員工主動參與、積極合作，按一定程式形成決

策並管理日常工作，那麼結果就會是合作順暢、內耗減少、效率提高；當汽車駕駛引入去中心化，就是無人駕駛，於是人員節省了，成本降低了，效率及安全性都提高了；當國家引入去中心化——當然就是民主法制了，好處不用說，都知道。

但是，你可能仍然會急躁：說了半天，不都是費話嗎？專制制度下的當權者怎麼肯放下權力呢？

是！我知道，但是你也要知道，去中心化的優勢很快會被大多數人用起來，人們很快會喜歡並習慣這種群策群力的共事方式，同時也更討厭專權而希望民主，那麼反映在日常生活中，就是自下而上的觀念轉變，從個人到家庭、到組織團體、到國家社會，所以，你還以為它不夠有力嗎？你應該為它助力才對，不是嗎？

當然，你可能還有擔心：有一種人，是毫無責任感與任何擔當的，當人們合作、奉獻以尋找光明的時候，他卻借此以背叛而撈取好處，他們內心醜陋卻善於偽裝，行為卑劣又善於狡辯，他們自以為聰明卻目光短淺，殫精竭慮的攫取財富給兒子，卻不想子孫的未來前途，這類人，好難弄啊！

哦！我知道，當然，世界也不是這類人所掌握的，在新的將來，這類人很快會被淘汰，或者泥土一樣的，不算什麼。你知道什麼可以解決這問題麼？

什麼？

民信的興起

民信？

對！民信即由民間組織自發成立並服務於全民的徵信，它利用最新互聯網技術搭建，實行去中心化管理，以事實＋民意為核心，是能夠更真實全面提供信用評級的公益性組織。

為什麼興起？

　　首先是因為有需要，在資訊技術飛速發展的今天，各種未經證實的資訊爆炸式的湧入我們的眼簾，嚴重影響了我們對於信仰、價值和未來方向的判斷，人們感嘆世風日下卻無計可施，想解決很多問題卻無從下手，所以，很希望有一個能夠客觀反映現實世界的標杆以正視聽。

　　次則，是技術的成熟。謊言的氾濫源自於不能被及時證實，而在資訊技術飛速發展的當下，世界範圍內的資訊都可以瞬間傳遞，不同觀點間的碰撞也可以即時進行，那麼結合人工智慧，對於任何事物，我們是可以即刻得到客觀真實的結果的，那麼所謂謊言，也就幾乎無可遁形了。

　　想想看，一個開放的信用系統，利用電腦與資訊技術支援，全民參與，尊重每個人表達的權力亦限制其錯誤極端，尊重所有人表達的權力亦防止其結黨營私。以客觀事實＋全面民意的結果向全民服務，足夠安全，不能被隨意篡改，更不會被極端分子利用。它擁立潮頭又不斷改進，永遠不能被打敗。那麼，當有了它的存在，所有陰暗的角落，還有什麼地方不能被照亮呢？

　　烏托邦嗎？還是理想國？

　　都不是，當文明發展到這兒，當資訊技術已經能夠支援，當人們對生活更有所追求，當我說出來，當這聲音傳遞出去，就會有。

二
說快樂
──當自性愛上理性

　　一時想說說快樂，但等到執筆，卻發現所關聯的東西非常之多，枝枝杈杈的，倒感覺無從下手了。不如就先從想到的地方隨便說起吧。

　　首先說感官的，你可以把它理解成令人愉悅的生理享受，比如溫暖、美味、清爽、滿足、放鬆等，這些愉快的感覺是可以帶來快樂的。但你有沒有發現，這種感官上帶來的愉快其實是源於當初的不愉快，即寒冷、寡味、昏昧、渴求不得、緊迫等。並且當初之不愉快愈甚，則如今之愉快也愈甚。

　　如果再推及到大一點的空間，大概就是心理的了，比如隨便問一些人：「你以為的最大的快樂是什麼？」

　　那麼回答就一定會有很多種：盲人的回答可能是看見光明；下肢行動障礙者可能是自由奔跑；失戀者可能是找回愛情；窮困者可能是想有很多的錢。但有一句話可以總結：人的最大的快樂來自於最深處的內心渴望以及所伴隨的痛苦感受。即當初內心有多麼渴望，今天得到就會有多麼快樂；當初得不到有多麼痛苦，現在得到了就會有多麼幸福。

　　那麼，痛苦與快樂是零和的了？

　　某種意義上說，是的。但更多的情況下不是。因為還有更大的空間，──在我們的精神世界，有追求人生理想與價值實現所帶來的更多快樂。略分有三：

（一）求知可知。人做為智慧生命，經億萬年進化而成為世界的霸主，強烈的好奇心、求知欲和冒險精神是深深刻在基因裡的，人們會因為發現新事物、解決新問題而感到快樂，而且愈是物質充盈、生活安定，人類探求新知、追求改變的欲望便愈強，同時，得到滿足所帶來的快樂也愈多。

（二）欲行可行，即能夠做想做的事並做得好，或者說思想和精神上的理想能夠實現。〈正門〉裡的內容讓我們知道，每個人都是帶著「根本」來的，這其中包括品質、能量、性情、健康等。千差萬別。本性上來說，每個人都希望按照自己的天性活著，但當人們認識歷史與現實、經歷爭戰和發展，而最終清楚必科學合作才能達到利益的最大化時，人們會接受這種最低限制（或叫做最大程度）的自由。這種自由務實而科學，既能讓人們正常的欲望得以滿足、合理的需求找到出口，又能夠為穩定的社會秩序提供保障。人們需要這種自由，當能夠擁有時，人們會感到快樂。

（三）結伴有伴，即當人們有意趣、志向之時，有可以參照、互助、同行的夥伴。原因在於：

1. 人是群居動物，群體的保護能夠帶來安全感，群體的關愛能夠帶來快樂。

2. 群體中的同類參照與價值認可能夠使人保持心理平衡或獲得滿足感，從而使人忘記痛苦或產生快樂。

3. 自然世界浩瀚無垠，而個體的力量非常有限，則在對自然的征服中，人們必借助於群體的智慧和力量。良好的群體合作一方面可以使群體的力量和欲望幾何級數成長，一方面個體又能夠享受群體的巨大成功帶來的所有快樂。事實上，科學合作的集體是能夠成為個體的「膨脹版」的，所以有心的人往往組織它、利用它。

那麼現實呢？

但是，我能說這文明剛剛開始麼？

你看，這多數人，語言還不通；很大的一批人，還沒有接受最基本的教育；很多地方，人口還在無節制的膨脹，而野蠻和愚昧仍然在製造饑荒、病痛和戰爭。

那麼，說好的快樂呢？

當然，人是很難脫離於時代的，就算是「鯉魚跳龍門」，身上當初未免還沾著水，所以，時間是需要的。

首先，快樂必建立在充足的物質保證之上。為什麼人會有自私、貪婪、野蠻等動物劣性？歸根結底是源于生存資料的不充足，是環境逼迫的、自然進化的、事實造就的。所以倒不必以為恥，「倉廩實而知禮節」，經濟的基礎是必須的。

進一步，快樂需要與其認知相對等的環境空間，包括物理空間和人文空間，物理上的空間需要人們去開拓，人文上的空間也需要人們去奮鬥、去爭取。

但是，這多數人，語言還不通；很大的一批人，還沒有接受最基本的教育；很多的地方，人口還在無節制的膨脹，而野蠻和愚昧仍然在製造饑荒、病痛和戰爭。

那麼怎麼辦？

好辦！任何人，遇見惹人不高興的事兒，都會去想辦法改變的，誰能擋得住人們對快樂生活的追求呢？

但是，具體呢？

我所以要你先讀我的其他文章，因為所有類似的問題基本都是有答案的，當然，這裡也可以總結一下：

人的力量包括才和勢兩個方面。才指才學、技藝、智慧，勢指優勢、能量、幹勁。蒙上天恩賜，各有不同的狀態。才大而勢小，路出

無門，懷才不遇；勢高而才低，亂世占優，現實的主人。

為什麼？文明還很遠，正在拚蠻力。

勢高的人往往才低，他雖把握現實的主動卻不懂愛才、敬才、惜才、用才以彌補自己的不足，所以常常「富不過三代」，或因為自己的無知而被中途打翻。

才高的人則往往勢微，但孤傲，並不積極的去識勢、導勢、造勢、用勢，或弱水，或洪峰，而削山填海，孕育萬物。所以，往往也是可惜的。

最好的狀態當然是彼此諧合，如陰如陽、相背相向、相生相殺，相輔相成。

就像男人和女人？

差不多，快樂一定是在本性放縱──→ 交互新生──→ 進化長大──→ 又本性放縱……的輪迴中的。

不只肉體，也包括精神，就是這樣。

三
說智慧

　　曾經想了很久，沒敢寫，因為多少還有些自知之明，不好對這樣的話題隨便發表什麼的，但後來一直想，時間一長，未免就有些麻木，麻木到可以無所顧及，於是，這文字就冒出來了。

一　定義

　　先來說定義。曾經，我是翻看了所有目之能及的相關文字的，但是，沒有一個中意。於是想到杜撰，即使不正統吧，卻可能方便理解。首先，兩個字分開說：

　　智，是一個人不斷重複觀察、記憶、思考、想像、判斷、回饋的能力。——這裡所說的「觀察」包括所有主動與被動以及所有感官接受的資訊；這裡所說的「回饋」是指其所有語言和表情——包括身體的。

　　慧，即充分利用自身及環境優勢，保持正確方向，綜合考量以滿足自性需求的能力。

　　智，是頂端是核心是開拓；慧，是基礎是方向是保障。

　　這樣的兩個字集合在一起，其所擁有的共同意義，才是我想要的對於智慧的定義。

　　當然，也可以用同樣的方法定義「聰明」：

　　聰，即快速感知、理解、計畫、反應的能力。

明，即正確接收、綜合分析、正向判斷、適當表達的能力。

聰，仍然是頂端是核心。

明，也仍然是基礎是方向，

這樣的兩個字結合起來，也才是我以為的真正的聰明。

二　路徑

空口說智慧，其實是有些多事的，因為只要用心，這世界智慧無處不在，而那些急頭巴腦吵著追求最高智慧的，其實倒是傻子，因為最起碼的方寸都亂了。

的確，我們需要智慧，因為也正缺乏，當然是現實的境況所限：很多人還沒有基本的教育，很多人還不知道生活的方向，很多人、包括群體還在為了爭勝而殺人。所以，那麼，就說說吧！

說到智慧，最基本的，當然是認知，即對這世界的正確認識，認知正確，一切可以推演，認知錯誤，一切都是混亂。我所以從最常見的相術說起，把大家請進〈正門〉，來看這客觀現實的世界。

對於自然科學，說起來是可以沒有顧忌的，頂多是錯，沒人理也就罷了。但關於社會的，就要仔細了，因為可能被「焚書坑儒」，大概吧！

已有的見識謬誤百出，而未知的前路自說自話。我所以又有了其後的文字，並做了〈引子〉。再後來，為了加強與旁證，又有了〈側門〉與〈旁門〉。其時，我突然感覺自己太癡心，只顧深入，倒忘了眼前，於是退出來，再寫了〈關於人〉和〈關於世界〉，至此，我的所有與所思、想說的，大概就是了。

三　輪迴

所有人都希望長生，我想說：可以的，但須分開兩邊，一邊是只能有限的肉體，一邊是可以無限的精神。

從前的人，只要他的品德、精神或作為之類非常優秀，那麼連他的相貌、經歷、甚至胡亂套在他身上的故事都可以傳下來。──這是我們可以看見的。還有看不見的，是他留給子孫的優秀基因記憶，也是可以傳遞下去的。──〈論因果報應〉。那麼是不是應該說，他已經長生了？

現在的人，即使很平常，如果他願意，通過相機和錄影機，相貌、言談舉止也可以留下來，或者更先進一點，做個三維的錄相，加以先進的聲光電技術，那麼即使多年以後，你還是能夠活生生的站在人們面前的，但是，有沒有人看就難說了，包括他的子孫後代。所以，還是要有點看頭才有人看，有讓人惦記的東西人們才會讓他「活」。

好吧，前面說過的，人是有品質與能勢之別的，──〈析微論〉。正修的向上，放縱的向下，然後呢，就定格了？

當然不是，起初，那些有較高品質與能勢的，──多是從娘胎裡帶來的，做了人上人，因為可以居高臨下，且有放縱的資本，於是往往就驕橫放縱，等他驕橫放縱盡了，品質與能勢也就下來了。就成了沒品質沒能勢的人下人──包括「現世報」和從娘胎裡帶來的，於是便只能受苦，受苦久了，便會漸漸學好，慢慢的，品質能勢又提高，後來就又成了人上人，於是有了驕橫放縱的資本，於是就放縱驕橫……如此反覆、交互、輪迴。

那麼，怎麼辦呢？

首先來說，也沒所謂，因為那一堆人本來就是混沌，你不可能找那些無品無勢的去講道理，他聽不懂，也不中用。你必須找那些有品有勢的來點化，因為他尚且機敏，而且大概明白，倒是對他好的。

四 將來

從自然科學的角度看將來,是正在進行著的萬物推演大運算,宏大無外、無所不包。在智慧生命產生以前,一切是原始的,尚且容易推演,但在智慧生命出現以後,則一切瞬間複雜,很難再推演預測將來了。也許可以把它看做是一塊麵包上長出的黴菌,從一個點,到長成枝枝杈杈的線,到長滿整個面,到滲透全部整體。——大概就是所謂的萬物互聯了。

從社會學的方向看將來,無非是螺旋上升的經驗與方法,並且無限的延展下去。從工具製造、到能源利用、到自動控制、到智慧控制;從簡單的體力勞動者到完全的腦力勞動者;從唯物到有心,從被造物孕育到拓展更加宏大的將來,每一天都是新的,未來神秘而無垠。

你有沒有注意到人們已經越來越漂亮了?是的,越漂亮的人越聰敏、健康,更容易成功,成為這世界的主流、主宰,是的,人類還在進化,越來越完美,而造物——當初藏進胎胞——《鏈接》的那個——就正在其中一步步走出來。

四
說人長短

一　人這種動物

（一）人的定義：

人是能夠使用語言，能夠製造和使用工具，並具有複雜合作能力的高級靈長類動物。

當然還可以更豐富一點：大約一公尺多高，五十多公斤，兩條腿走路，喜歡穿五顏六色的衣服，能發出好多種聽得懂、聽不懂的聲音，喜歡性交卻壽命不短，長大成熟又需要太多時間，喜歡紮堆，懂得合作，卻又經常打群架……

如果說人是一種高級動物，直到現在，我仍然以為是指生理上的，而不在智慧上，因為還沒搞清自己，科學的規劃起來；或沒能弄清族群，集中起來做更高效的事。

（二）人的本質：

人是自然之子，——請參看〈拋開繁亂的網打開智慧的門〉

是從大自然的胎胞中來的，按道理，應該遺傳了大自然所有的資訊才對，卻不是，而只是自然基因中的一小段。

自然基因：指所有宇宙空間隨時間變化的資訊總和。
地球的自然基因總序列用「自然基因——地球」表示。

地球上某個點的自然基因總序列用「自然基因——地球——地點經緯度」表示。

某個人的自然基因表示為：「自然基因——地球——出生地點經緯度——出生時間」

自然基因隨時間不斷向前延伸，呈螺旋狀，結構像人類的 DNA 在不同維度有諸多循環。

人在降生時與自然基因斷開，之後與自然同行，依存並通應。

理論上講，人與其他哺乳類動物差別其實不大，但也正因為多進化了的那一點點，卻從此讓人類成為世界的霸主。那麼，那一點點差別是什麼？

是偏重於用腦、是智慧、是靈性。

問：上面說到，「人是自然之子」，「是自然基因中的一小段」，且隸屬於固定時空的，那麼，在宇宙之中，每一個人都是唯一的嗎？

答：是的，歷史長河中的一小段，從過去處來，向未來處去。

問：為什麼說是隸屬於固定時空的，難道不可以變化嗎？比如移民火星。

答：能，但儘量別，因為會變。

問：變成什麼？

答：剛開始的時候大概看不出來，因為還遺傳著地球環境孕育出來的基因，但時間久了就不行了，至於會變成什麼，要看他生活的環境，環境不同，樣子就不一樣，可能是獨角獸，也可能是八爪魚。

問：為什麼？

答：因為人是在地球環境中經過億萬年的進化才孕育出來的，這裡

的地球環境是指，主要包括太陽、月亮、太陽系內的行星，各按固定的運行週期處在地球不同的位置，以它們的光、熱、引力等因素對地球所施加的所有影響。──當然還可能有太陽系以內的其他因素或太陽系以外的影響，這裡暫不論述。地球環境孕育了幾千萬種生命，而人是秉五行最全（靈長類都是秉五行最全的，所以是地球上最聰明的一類，但以人的能力最為突出）的精靈。人身體的部位功能與環境的地理作用一一對應，只能是這個樣子，也必需是這個樣子。

── 中醫和術數在這方面的研究最為精到，可以參看我的〈智慧之門〉

問：但是人就要移居火星了呀！

答：隨他吧，那些傻蛋！

問：你說他們是傻蛋？但他們的科技比我們先進都不止幾十年呢！

答：科技先進個幾十年就厲害得不行了？不就是個理工男嗎？論智慧，從古至今，其他國家綁一塊也不比中國強。都怪我們把集權專制玩得太精熟，過了頭，倒把自己綁住了，碎成眼下這個渣渣。

問：你是說，現在不應該移民火星？

答：是的，長期在火星生活，人會在生理上發生變化，尤其在胚胎期，變化會更大，用不了多少代，就會變成另一個樣子了，你能接受一個不是人形的同類嗎？並且很大程度上會退化。很難，對吧？所以說，除非地球上不再適宜生存，否則，不能過早移民。

問：那麼是不是可以當做一個退路呢？在我們無處可去的時候？

答：當然，總比全都死了好。如果現在的技術已經允許，可以先做做研究，而並不長期生活在那裡，倒也行。

問：但他們的計畫好像是單程車票，有去無回的那種。

答：那就不對了，起碼要等到有返程車票的時候再開始，否則從倫理上以及現實意義上，都是說不過去的。況且，何必呢？又不差這一會兒！

二　技能之智慧組合

經億萬年進化而不絕，從所有的生命中脫穎而出，成為這世界的霸主，人類擁有全部的生存技能以及最高效的技能組合。

（一）**攫取**：即為生存而獲得，或自私自利的本性。

（二）**試探**：充分挖掘或利用資源。

（三）**記憶**：將經驗形成意識記憶或潛意識記憶，為運算提供資料，增加決斷速度或提高運算層級。

（四）**運算**：依據環境條件進行計算以決定取捨、進退、欺騙、偽裝等利己行為。

（五）**情感**：行為的成敗使人進化出獎懲機制，獎懲機制使人形成好惡體驗，進而形成情感。情感能夠促進個體或群體間的合作、激發人體潛能、增加生存機會、提高生存品質。

（六）**語言**：合作使群體間產生語言，語言使群體間的合作更為緊密和高效。

（七）**意識**：大量資訊處理的需要使人腦對外部世界產生概念認知，這種人腦對外部世界產生的概念認知即人的意識。

意識的形成使人腦進化出推演功能，從而能夠使人進行邏輯思維。一般情況下，我們也把邏輯思維稱之為超意識。

　　人腦中還藏有一種「平時想不起來」的資訊，這種資訊是被表層記憶遺忘或未到達意識層面而直接進入大腦深層的。我們稱它為潛意識。

　　三種意識都會參與到大腦的複雜運算之中，所以人會有想像、預感、綜合推斷等其他動物所不具有的思維能力。

三　理性邏輯非理性需求

（一）人類需求的不同層級及特點

　　人的需求分為物質需求和精神需求，在不同生存條件下，其占比以及重要程度有非常大的不同，我們這裡暫將其分為四個層級予以說明：

　　1. 為生命：是最基本的，當生命受到威脅的時候，為其一刻的生命，人會不顧一切阻礙，用全部力量逃避或對抗。此時，人不會與自身以外的任何東西妥協，也不會與任何人合作。比如一個人即將被殺死，如果尚有活命的可能，是不會跟你講任何道理的。

　　2. 為生存：也是極其重要的，雖然時間上不是即時的，沒有那麼緊急，但事關生死，仍然會拚盡全力。此時，能夠在最好的關係間產生很少的合作，但還是基本不妥協。比如明明是在鬧饑荒，你卻要搶人家的糧食，那麼，不跟你拚命才怪。但如果你對他沒有致命的威脅，那麼很可能他也不會輕易的跟你玩命。

　　3. 為生活：是生存已不是問題，人們開始選擇比較舒適的生存方式的階段。此時精神需求增加，人們能夠在權衡利益的情況下有所妥協，合作增加。

4.為生性：是生活已不是問題，基本的權利也得到保障，人們開始追求實現自我和人生價值的時候。此時，人們把更多的精力用在精神追求上，能夠在更大範圍內合作，亦可在更大程度上妥協。

目標	重要程度	個體能量	驅動力	時空狀態	妥協程度	合作	群體能量
為生命	最大	最大	最大	最小	無	無	無
為生存	大	大	大	小	極小	很少	小
為生活	中	中	中	中	小	多	中
為生性	小	小	小	大	適當	廣泛	大

人類需求的不同層級及特點

從表中不難看出，在低層級，因為環境條件的限制，人們很難妥協和合作。所以社會效率低、發展速度慢。當進入高層級之後，人的基本生活得到了滿足，選擇上可以有更多迴旋餘地，所以妥協與合作逐漸增加。妥協能夠化解彼此的矛盾，合作又能使總體效率大幅度增長，因此，現代文明的發展呈現出加速度態勢。

四 物質需求

物質需求即人們為滿足自身需要而產生的對於客觀物質的需要。

從最初為了生存，到後來為了滿足，再到後來為了增加謀求的力量或手段，物質幾乎是人類一切活動的基礎。所以，正因為此，想得到並不容易，而必須遵循一定的規則或有相當的實力才行。我們可以把它比做數學運算——其實本來就是，當已知條件確定並充分滿足，那麼結果就會是一個固定值，不會隨便少，也不會隨便多。

那麼，這個「數學運算」規則中「已知條件」是什麼？

大概可以描述為：根基＋財商＋機遇。

財商：指一個人對待財富在性格方面的優勢。是一種包括對財富的渴望程度、敏感程度、環境洞察力、犧牲精神、抗壓能力以及行動力的性格特質。

「固定值」又是什麼意思？是指實力條件下能夠得到的事實結果，是一種必然的存在。

一個人所擁有的財富只能是他「根基＋財商＋機遇」的總和。並且：

如果尚且沒有，那麼會自然得來；

如果已經存在，不會輕易失去。

如果貪戀太多，其實奢求不來；

如果超出太多，便會很快失去。

（一）貧富多來自先天

財商是一種性格特點，而性格特點多來自於遺傳基因；機遇是其所處的時空狀態，也是降生時候決定了的，所以一個人的貧富更多程度上來自於先天，即常言說的「大富靠命」。但是，現實中又沒有多少人整個一生都是「大富」的，更多的還是普通人或暫時沒有「大富」的人，那麼現實的努力也就必不可少，所以又說「小富靠勤」。「小富靠勤」在現實生活中其實是一種常態，是生活的基礎，更是將來成功的保障。「再窮不過討飯，不死總會出頭」，如果再能持之以桓，那麼接下來的生活就一定會越來越好。

（二）財商高不等於總是富有財商低的大多學習不來

財商高只代表一個人聚財能力比較強而已，要想真正擁有財富還需要機遇，而機遇是隨時運變化的，那麼一個人擁有財富的狀態就不是一個定數，而是隨時運變化的。「三十年河東，三十年河西」，不一定什麼時候發達。

那麼財商低的人是不是可以學習來呢？很難，因為財商是「對財富的渴望程度、敏感程度、環境洞察力、犧牲精神、抗壓能力以及行動力的性格特質」，是一種性格優勢，大多是藏在骨子裡的。但即使有人能學會，也不一定有那個精神和能量，而且，機遇的事也難說。

（三）富有不等於好人品

因為物質財富在生活中的強大作用，人們往往對擁有更多物質財富的人產生崇拜，並將其定義為成功。而大多的成功人士為了彰顯自己，往往又把些諸如善良、誠信、格局、勤奮之類的標籤貼在臉上，於是，財富和人品就被硬扯到了一塊兒——其實是不相關的。擁有更多物質財富只能說明那個人財商比較高並且遇到了好機會，跟人品沒有半毛錢關係，甚至很多時候，尤其在不公平的社會環境之下，很多人的財富倒是通過投機、失信、待人刻克、違背道德甚至違法犯罪得來的。所以對待富人，不要聽他的演講，也不要看他的成功學，更不要看他裝模做樣的一點點捐獻，而是要看他為周圍的人做了什麼，為這個社會做了什麼。

（四）獲得財富的三種基本方式

獲得財富的方法多種多樣，但大致可以分為三類，這裡稍做闡述，希望能有一點提示作用：

1. 馭人指通過利用自身的性格優勢或管理技巧駕馭別人而獲得財富。比如各行業職能管理者、行政人員等。
2. 馭財指利用自身對財富的敏感以及管理能力，通過投資的方式獲取更多財富。比如金融、商業、實業投資人等。
3. 馭己指利用個人能力獲取財富。比如體力勞動者、技術人才、思想家、文藝工作者等。

有的人可能適合於某一種，有的人可能同時適合兩種或三種，因其天性各異。我們可以首先側重於某一種，然後根據實際的需要選擇兩種或三種同時進行。

五　精神財富

精神財富：是指能夠滿足人的精神需要、或指導人生、或提高生存能力的物質以外的思想、文化、意志、觀念、技術、科學成果、感情記憶等。

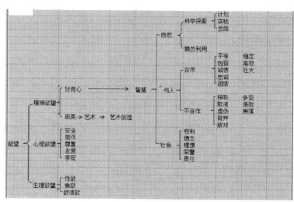

欲望分解思維導圖

　　如上圖所示，從人類的總體欲望來看，物質能夠滿足的部分其實有限，而更多的來自於精神，尤其當個體變得愈社會化，精神世界的需要就會更多，當然，滿足之後的快樂也會更多，但是可能有人要問：

　　現在，人們的物質生活已然足夠，為什麼大多數人們還是在瘋狂的追求物質帶來的快樂，而少有人追求精神上的富足呢？

　答：兩方面——
　　一、整體文化水準不高導致的認知錯誤
　　二、整個社會的價值導向出現了問題
　　教育的第一功能，是應使人形成完整的獨立意識的，這樣他才能以人的自性出發，主動並充滿激情的投入生活、建樹將來。

獨立意識：指客觀認識生存環境與自身存在，意圖施展自我以擺脫限制或解決問題的理性覺知。是獨立生存的基礎和起點。

　　但事實卻沒有那麼簡單，眼前的世界，從單純靠體力謀生的文盲，到跨星際旅行的科學家，各個層次的人都有，但處於文化尖端的人卻少，而未受過基本教育的人居多，一方面因為經濟的落後和教育的缺乏，大部分人難以形成完整的獨立意識和正確的社會價值觀；另一方面則是利益團體為更多的攫取利益而故意的扭曲社會價值觀。比如某個廣告，背景是新樓房，一個臉上滿是幸福的美女抱著枕頭，旁邊是一句廣告詞：明天我要嫁給你了！廣告把有房和成家簡單的等同起來，片面放大社會扭曲現象，引導人們更傾向於金錢萬能的頹廢價值觀，借此拉動消費。按理說，這種為了利益而不顧社會文明的做法是應該被國家相關部門所禁止的，但實際上，管理上很不夠。

（一）那麼應該怎麼做？

答：當然是建立全方位的以追求知識、修養、信用、貢獻為高尚生活
　　的社會價值觀。制度上保證、教育上引領、輿論上支持。

（二）當社會注重於精神追求，會不會影響到物質財富的增
　　　長呢？

答：當然不會，精神追求並不是虛無和享受，而是對世界更深刻的認
　　知，對環境更高效的利用，對未來更科學的規劃，以及人類與社
　　會文明的進一步提升。它是一系列先進理念的不斷創新、實踐、
　　核對總和提升，反而是能夠保證物質財富更快增長的。

六　合作或者滅亡

　　宇宙化生了我們──人類社會，當然包含了極高的智慧，這智慧
就藏在自然基因之中，而做為「自然之子」的我們，每個人都只分得
了一小份。

　　生命的從無到有，從低級單細胞生命到人類意識的產生，世界已
經發生了兩次質的飛躍，現在，第三次質的飛躍業已開始，──是對
環境自然的充分利用。

　　對環境自然的充分利用可以分為內外兩個方面：

　　一個是向內──對人本身，包括個體與群體；

　　一個是向外──指人以外的環境自然。

　　這裡單說「向內」──「人本身」──「個體與群體」。

　　我們每一個人，「是自然基因中的一小段」，就像人類基因中的一
小段一樣，能量和功能都很有限，但當按一定的規則有序組合起來，

則可以指數級放大，創造無窮的奇蹟。此時，個體共用群體創造的榮耀與成果，憑借與群體的合作發揮自己的才能、實現人生的理想。

但是在群體之內，大家是平等的嗎？還是各盡所能？

答：都是，大家既平等，也各盡所能。

因為沒有平等個體就會因為無原則的殺戮而毀滅；不各盡所能群體就會因為失去活力被其他群體吞噬而毀滅。但是，世界又遠比我們想像的複雜，首先請閱讀下方。

（三）人天生是不「平等」的

人是自然之子，但只是自然基因序列中的一小段，出生時從自然基因序列上脫落，從此與自然同行，並彼此通應。每個人攜帶的基因不同，可以比做天空中被風吹來的種子，種類不同、品質優劣不同、能量大小不同。落下的時間和環境不同，所以每個人的體貌、性格、際遇等會有非常大的差別，這種差別註定了其在社會競爭中的不同。所以，絕對意義上的平等是不可能的，是沒基礎、沒理由也沒道理的。

（四）人在群體合作中的地位應該是平等的

人在群體合作中的地位應該平等，為什麼呢？

是源自於現實的人類生存需要。人從出生到獲得獨立生存能力的時間非常長，大概占到其整個生命的四分之一，這一時期的人（未成年）必須借助家庭（群體）的庇護和培養才能存活，那麼家庭（群體）就必須為其提供生存所需要的條件，而且這種被提供的條件最低必須為家庭（群體）間的平等，否則，新生命便不得生，家族便不可延續。

「人人生而平等」是叢林法則之下人類進化的必然產物，其同時給人們帶來更多啟示：

1. 平等是在個人在群體中獲得生存的最低保障。

2. 失去平等意味著被淘汰。

所以人們會將這種「現實需要」推及到更大範圍，比如個體與個體之間的平等，族群與族群之間的平等、國家之間的平等。但是需要歸需要，現實卻是一個殘酷的叢林——弱肉強食，那麼怎麼辦？

鬥爭，一直鬥爭，哪裡有不平等哪裡就有鬥爭，從不同的等級鬥爭、從不同的層次鬥爭、從不同的領域鬥爭、從不同的高度鬥爭，直至達成合作，保持平衡，建立新的穩定。

人類文明的進化史其實是平等規則逐步建立的歷史，在其中，人與人之間越平等，合作越有益高效，群體越穩定並發展迅速；人與人之間越不平等，鬥爭越頻繁劇烈，群體越動盪而停滯不前。

（五）平等原則催生公正

人在群體合作中應該是平等的，但人的先天卻是個個不同的，所以為滿足個體差異與群體合作的需要，人們將平等的原則做了更為實用的延伸，從而使社會產生出公正。

1. 承認因先天優勢和自身努力帶來的現實差異。即當一個人的財富和地位是因為其先天優勢或自身努力中得來的，人們會以為他的「財富和地位」與他的「先天優勢或自身努力」是對等的，會承認這種貌似的不平等。

2. 反對不勞而獲。當一個人的財富和地位不是因為先天能力或自身努力得來的，那麼人們就會反對這種不平等。

主要包括以下幾種情況：

3. 因機會不平等而導致的不勞而獲。比如某個地方突然出了金礦，鄰近地方的人就會抱著「見者有份」的心態要去分一杯羹；或某

個人得了巨量的意外之財，人們也會要求他分大家一些或「充公」。

4.因繼承而導致的不勞而獲。繼承是人類社會發展的必要，對於族群而言，祖先的文化、思想、技術、資產、領地等等都可以繼承，但是在私有制條件下，當一個人的資產過於龐大——其實大多數應該是屬於社會的，因為這其中往往包含著民眾的付出、或環境的破壞、或社會的支持。當他活著的時候，其實人們並不會太反對這種暴富，因為人們認為這與他先天的能力和自身的努力是匹配的。但是當這個人死亡，如果他的資產全部被其親屬繼承，那麼人們就會以為這是不對的，因為他的親屬在不勞而獲，把本應屬於社會的資產據為己有了，是違背了人人平等基本原則的。所以，許多國家會對高額遺產徵以重稅。

5.違反社會秩序或法律的非法所得，比如詐騙、偷竊、貪污等，其實是以破壞社會文明成果為手段的不勞而獲，人們會在法律上對其進行懲治，也會在道德上予以譴責。

6.支持公益和社會保障。因為人的先天、生長、生活環境等因素的不同，人在社會中的位置往往是不平等的，那麼為了減少這種不平等帶來的社會矛盾並增加群體間的合作，人們會鼓勵優勢人群自願向弱勢人群提供幫助——即公益。而且為保證弱勢群體最基本的學習、就業、醫療、生存等權利，人們還會制定專門的法規和制度。

公益和社會保障行為根生於社會平等原則，在一定程度上代表並促進了社會的公正。

（六）合作的進化

在漫長的歷史進化過程中，人類合作的方式（或稱為秩序、制度等）發生過許多改變，我們把它叫做群體進化。而之所以稱其為群體進化，是從生物學意義上來說，群體其實是有「生命」的，因為它有

思想、有方向、有智慧，能夠自我調整、自發展、自增殖。那麼既然是有生命的，也就逃脫不了自然生存法則——被優勝劣汰。的確，事實證明，只有綜合實力比較強的群體才能夠生存下來，他們共同的特點有：

1. 在群體中，個體之間彼此平等，個體能夠得到群體制度的尊重與保護，能充分發揮個體的能力。

2. 群體具有一定的文明高度和管理能力，能夠對群體心理、合作、犯罪、戰爭等現實問題準確把握，保證群體的健康運轉和發展。

3. 體量大，在科技、文化、經濟等方面表現突出，有吸引外來力量的實力和能力。

七　感情——神奇的黏性

情感，也常稱為感情，是動物為提高生存機會、改善生活品質而進化出的與外部世界的心理聯繫，客觀上表現為一種能力。其作用在於，當經驗記憶接受外部刺激時能夠產生心理波動，可進而引發生理上的聯動，包括內分泌、注意力、敏感度、表情、語言、行動等，以增加對環境的適應和掌控能力。如戀愛中的荷爾蒙升高，危險環境中腎上腺素分泌增加，以及所產生的作用和表現等。

（一）特點：

1. 情感的產生有助於人們應對複雜的生存環境，增加生存機會。
　（1）因體驗而形成的好惡有助於規避風險。
　（2）因合作而帶來的互利能夠增加群體凝聚力。
　（3）因情感積聚產生的爆發力能夠增加成功機會。
2. 情感慣性往往使人犯錯但高效。

「經驗記憶」是曾經的過去，雖然是長時間積累來的，但不一定對。比如：天鵝是白的、貓很乖、個子小的好欺負等。「經驗記憶」中的很少一部分是我們可以想起來的顯性記憶，而大多數卻是想不起來的潛在記憶，這些潛在記憶同樣會參與到大腦的活動當中，對結果的產生起著決定性的作用。但它卻是慣性的，不容易被我們自身把控的。

「外部刺激」是現實的當下，但我們對於「外部刺激」的判斷，卻往往戴著「經驗記憶」的有色眼鏡，比如：見到黃顏色的果子立刻斷定它是熟的，看到很可憐的受苦者便斷定他一定是好人……往往就看走眼。

所以人的判斷往往會出錯。

但為什麼會這樣呢？

因為同時有它的好處——直接、高效。

差錯可以時時校正，但效率時刻不能降低，因為決定著生存。

3. 情感受制於理性，但有時會突破理性

情感的性質接近於氣體，具流動性、彌漫性和盲目性，會影響到多個意識層面，比如：愛屋及烏、惡其餘胥、聯想、臆想、任性、衝動等，理性的性質更像一個氣囊，把情感包在其中。正常情況下情感是受制於理性的，但當情感過於強烈，就會衝破理性而使人失去控制。

4. 情感上的變化能夠對應激發生理上的聯動，增加對環境的適應和掌控能力。但是當情感上產生不良的積聚或壓抑時，也會造成人體生理上的損害。比如怒盛傷肝、憂思傷脾。反過來，人的生理狀態也會影響到情感，比如肝淤人易怒、脾濁心易憂等。主動強身健體是可以增強人的好運的。〈論養生〉一章有詳細論述，此不多贅。

怎樣利用好情感這樣一種能力呢？人們臆造了一把沒有刻度的

尺──情商，之所以說它「沒有刻度」，是沒有一定的標準去量化；但仍然叫它為「尺」，則是人們以為，對於情感，很有權衡或度量的必要。

（二）情商：

指正確把握自身精神狀態以應對外部環境的能力，包括三個方面：

1. 對自我及環境的正確認知。
2. 準確把握與綜合決策。
3. 自我激勵與良好的狀態控制。

情商高代表以上三個方面都行，等於平常意義上的聰明、懂事、能力強、識時務；情商低代表以上三個方面都不行，則表示不聰明、不懂事、沒能力、不識時務。

情商的高低更多取決於先天，但也能在一定程度上通過學習和訓練得以提升。古訓教人「出言有尺」，現在的人說「一生學閉口」，其實都是提醒人們要注重學習和訓練的。

人的一生不過希求兩種東西──快樂和意義。人生最終極的意義，不過是過好當下並為將來開闢更寬廣的路；人生最大的快樂也無非是自然天性最充分的綻放。就現實需要來說，人應該學習和奮鬥，但就自然天性來說，卻需要儘量多的空間和自由。所以，如果把人生比做一幅畫，情感應該是裡面的色彩，而理性就應該是線條。色彩不能太淡，太淡就沒有溫度；當然也不可太濃，太濃會沉重模糊。線條不能太死板，太死板就沒有生機，當然也不能太隨意，否則便是無韁的狂人。把握自身，非常考驗我們的定力，相攜自然，才會有一路美好的風景，須跳出來看。

五
談天說地

一　生存之生

　　關於世界，是我們眼前的世界，是人們口中的世界，是書裡讀來的世界，是音視頻機器裡傳來的世界。

　　世界從我們的眼前展開，從室內到屋外，從小院到社區，從城鎮到國外，從地球到太空。

　　宇宙中飄著一片「羽毛」，我們稱它為拉尼亞凱亞超星系團，在拉尼亞凱亞超星系團裡有一個室女座星系團，在室女座星系團裡有一個本星系群，本星系群裡有一個銀河系，銀河系裡有一個太陽系，太陽系裡有一顆藍色行星叫地球。地球占太陽系的百萬分之三，占銀河系的六十億億分之一……

　　地球已經誕生了四十六億年，三十五億前地球上開始有生命，十億前開始有動物，六千萬年前開始有人的祖先——猴，十萬年前開始有智人——模樣與智力差不多就是現代的人了，幾千年前人們開始使用文字，幾百年前開始使用機器代替人力，幾十年前開始用機器代替人的某些智力功能，現在開始生產和使用人型機器來代替人，我們稱其為機器人。那麼不久的將來，我的以為，除了中心程式設計之外，好像完全使用機器人並不是什麼難事兒，所有崗位都使用機器人，機器人勘礦、冶煉、運輸、生產，生產機器，生產機器人，只要人類發出一個指令，一群機器人就會自動合作起來去高效的完成任務……

　　但事實並非這麼簡單，科技雖然快速的發達了，社會卻並未因此

而同步的文明起來。你看，為戰勝，人們還是在殺人，如蒙昧之初一樣的讓對手流血而死。為私欲，人們還是在霸凌、欺瞞和殘害。

為什麼不合作呢？如科技的發展，當人們科學的合作起來各展所能，效率就會幾何級數增長？

「是的，但是，效率是一回事，分配卻是另一回事……得了勢的，有幾個合作呢？」你可能要來反問了。

是的，不錯，尤其在蒙昧的當初，合作是非常之難的，原因當然很多，比如天性裡的自私基因、好自由的天性、資訊屏障、缺乏持續重逢的機會以及合作的必要等。而現在，當文明漸漸開啟、資訊技術飛速發展、信用體系逐步建立，其實，合作已經在加快並且加強了。

「但是，為戰勝，人們還是在殺人，如蒙昧之初一樣的讓對手流血而死。為私欲，人們還是在霸凌、欺瞞和殘害。」是的，你會繼續說。

那麼好吧！因為對這人類的瞭解，我來告訴你唯一正確且最為高效的方法吧，你只要堅持去做，並且發揚，就會改變這現狀。但是，首先，你須明白一個道理，就是：道德來自於勢力間的相互制約，想要去改變，就必須主動發起對攻，但我們現在所說的對攻不是血腥的肉搏，而是友好、互利、明晰、正式並包容的對抗。這種對抗的目的不是摧毀對方，而是驅使對方合作，實現共贏。具體的方式是：

1. 不管對任何人，無論是比你強大的或弱小的，當有遭遇，首先不是對殺，那樣只會雙輸，而是去爭取主動合作。合作的方式不一定完全公平——由雙方的實力根據具體情況而定，但目標一定雙贏。拿出合作的誠意來，如同簽一個合約，一旦簽定就認真執行。

2. 如果對方合作，那麼繼續深入下去；如果對方不合作，那麼第二次，即使對方主動合作，你也不合作以示懲戒。

3. 如果第三次對方仍然主動合作，那麼你接受合作以示寬容。

4. 當有第三次合作，那麼第四次你須主動合作，如果對方合作，那麼繼續深入下去；如果對方不合作，那麼第五次對方主動合作時你仍然不合作以示懲戒。

5. 第六次對方仍然主動合作時，你接受合作以示寬容。

6. 當有第六次合作，那麼第七次你須主動合作，如果對方合作，那麼繼續深入下去；如果對方不合作，那麼第八次對方主動合作時你不合作以示懲戒。

7. 第九次對方仍然主動合作時，你接受合作以示寬容……

以此類推。

三點說明：

1. 這方法適用於所有利害相關者，包括外交、戰爭、商界、職場等方面的所有群體與個體。

2. 堅持此合作原則，保持合作中的誠信，並做為處世之道。

3. 在所有與自身相關的領域最大範圍上使用此方法爭取合作。

一點注意：這裡所說的對抗其實是一種務實又高效的合作，它集主動友好、誠實守信、堅持原則、適當包容為一身，是能夠抵制人性的萬千種詭譎的，你不用再窮思竭慮的應對那些看似高深的花招。就像當你擁有了清流，便無須再懼怕所有的污濁一樣。

當你堅持，那麼在別人的眼中，你的個性是清晰的，你的優勢是明顯的，你會因此而有更多的合作者，於是你可以從個體到群體，從區域到全局……

二　潮流是顛倒

　　地球，二〇二〇年，六十億人，四種不同的膚色，兩百多個國家和地區，以國家綜合實力論，文明發達的還少，不過幾個，次文明國家稍多，中文明、落後文明國家依次增多，排列在一起大慨是一個正金字塔型：

**　　國家綜合實力：是指包括政治、經濟、軍事、科技、教育、人力資源、凝聚力、創造精神等在內的所有實力。**

　　居於頂端的發達國家已基本建立完整體系，人們開始追求精神生活的滿足，而落後國家卻仍然處於戰爭、飢餓、瘟疫、犯罪的淫威之下災難重重。

　　但世界也正在迅速發生著變化，尤其是二戰以後，流血的戰爭漸止了，而文明的戰爭悄然興起。

文明的戰爭：即發達國家借助經濟、文化開放契機，利用相對先進的精神文明以及物質文明優勢吸引他邦人才、技術、財富等增強自身實力和凝聚力，從而佔據明顯優勢，擠垮他邦落後文明並最終使其沒落的戰爭。──〈宗教信仰和朋友〉

文明的戰爭首先是由發達國家發起，因為其在經濟、科技、文化、制度等多方面佔據諸多優勢，所以更容易吸引合作者。在合作中，意識形態的接近逐漸加強彼此之間的信任，軍事同盟的建立保證成員國之間的安全；經濟、科技、文化、教育等方面的合作促進了各成員尤其是相對不發達國家的快速發展，於是，發達國家的數量迅速增加起來。而居於其外的中下層國家，勇於改革並開放的，大概可以保持在金字塔中的位置或上升，而固步自封或逆文明發展的國家，則會沉入底部，成為最少數，於是，原來的正金字塔變成倒金字塔。即文明發達國家居上，最多，次文明國家、中文明國家、落後國家依次減少。

是的，這就是正在發生或將要發生的。

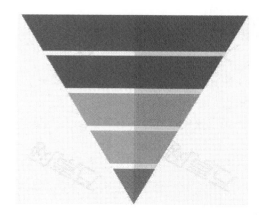

為什麼國家之間也要競爭呢，各自安好不可以嗎？

不可以，歷史經驗與現實需要告訴我們，人類只有一個地球，在飛速發展的現代科技面前她太小了，容不得割裂，要麼融合，要麼死滅。

三　根本的根

打開世界歷史，追溯各個國家的來處的不同，總結起來不過以下三條：

（一）歷史延留的文化與民族性格，信仰與經歷，各有其特點，是先天的基因。

（二）機遇、或者說運氣、或者說國運，好像真的有那麼一點點，看似的偶然卻決定了眼前的必然。

（三）國家制度，先進與落後，是它後天的新創造，決定著它將來的興盛與衰敗。

那麼來說說制度吧：

目前，世界上基本實行兩種國家制度，即民主制度和專制制度。

民主制度：由民眾通過各種方式的選舉和公投來決定國家政策及領導者的制度

專制制度：指以單獨維護統治者利益為目標的榨取式國家制度

近年來，大規模流血的戰爭明顯少了，原因在於：

1. 核武器的出現，核武器是最強大的戰爭扼制力，它使侵略者有所忌憚而不敢輕易發動大規模的戰爭。

2. 民主制國家迅速增加並成為大多數，民主制度下的戰爭權力被限制，而智慧被聚集，人們更趨向於共贏，而不是「二選一」。

3. 民主國家間相同的意識形態使彼此產生信任，「契約精神」又給矛盾的解決提供了路徑，以至國家間缺少戰爭動機。

民主制度的特點：

1. 體現了人人平等、自由和獨立的人本精神，每個人均能充分表達自己的意見和訴求，能夠產生符合民意的最佳政體。

2. 民主制度能從多角度、多層次集思廣益，發揮多數人的智慧，相對於集權專制，有利於防止獨斷專行、判斷錯誤和謀取私利。其中的定期選舉安排能夠使社會具有糾錯和矯正功能。

3. 選民能夠監督權力行使者，在一定條件下，制度能夠為更換權力行使者提供途徑，為政體的和平更替提供制度保障。

4. 由於按多數人意見決策，易於被大家接受，易於貫徹執行。

從近代歷史上看，學習並迅速跟進發達國家的多是實行民主制度的國家。而發展緩慢、動盪不安的多是實行專制制度的國家。那麼，什麼道理呢？

專制制度的特點：

1. 專制制度使權力過於集中，整個國家的權力往往集中在極少數甚至一個人手裡，那麼權力也就會被私用，而當他受到威脅或感覺受到威脅的時候也就難免不衝動、不好鬥；在萬人稱頌的歡呼聲中也就難免不膨脹、不發狂；在周圍滿是謊言和陰謀的時候也就難免不糊塗、不犯錯。所以歷史上昏君亡國的例子比比皆是，本來，個體的人性是靠不住的。

2. 權力私有帶來太多社會問題：

（1）權力私有破壞公平原則，而不公是社會矛盾必然產生的根源。

（2）國家不是菁英治理，容易思想僵化，阻礙社會進步，而落後意味著被拋棄而最終淘汰。

（3）權力的私有和濫用產生腐敗與不公，容易激化社會矛盾，而使國家動盪或分裂，直至最終走向滅亡。

3. 專制的本質決定其不可持續。因為是統治者是憑「一己之力」統治全國，為維護其高高在上的地位計，其方法常常變得不擇手段，他們往往利用人性的陰暗面（比如虛偽、貪婪、奸詐、狠毒等）勾結同黨、打擊異己，而為掩飾其不合法性及違背公平原則的事實，統治者又會實行愚民政策，一邊為自己鍍金，一邊藉以在政治上採用高壓。比如控制言論、羅織罪名打擊政治犯等。

從以上三點不難看出，專制制度其實已經是歷史遺留的落後制度，隨著社會文明的進步以及資訊技術的高速發展，日漸興起的文明戰爭必將使其江河日下而最終消亡。那麼它的路線圖是怎樣的呢？

1. 專制制度的極權特性使他在國際間缺少信任或被限制，無法共用其他國家的高科技成果。在國內，又因為其制度缺陷無法提供公平合理和科學高效的創新平臺而失去創造力，所以其科技水準必然是落後的。而科技的落後必然帶來軍事與經濟的落後。當與其他國家存在巨大差距時，政府的合法性就會受到質疑和挑戰。

2. 因為人文環境、發展創新環境及政治環境的惡劣，社會菁英會選擇各種方式移民，從而造成大量人才和資金流失，使國力下降。

3. 專制制度的不平等特質使國內動盪並走向衰敗。專制的本質是專權和專利，專權使權力大於法，而法律是道德的底線，當做為道德

底線的法律被專權踐踏時，無底線的惡行就會明目張膽、無所顧忌；專利使社會不公，而不公必然產生矛盾與對抗。當社會矛盾日益積聚而不能解決時，整個國家就會因失去控制而滅亡。

四　這一個路口

不說世界了，也不說社會，太大，就說說一個獨自的人，怎麼做？

這問題，在不同的時代，我想，應該有不同的答案吧？

在茹毛飲血的當初，我們把它叫做原始時代，族群的發展可能只取決於首領的基因，當你足夠強壯，又能夠打敗族群中的競爭者時，你就是首領，你就能決定整個族群的發展。

在農耕時代，你可能就需要動動腦筋，掌握一些種植技術或族群管理的方法，這時，你也許不是身體最強壯的那個，但卻是能帶領族群生存並壯大的，那麼，你就可能被推舉為族群的管理者。

在掠奪時代，把握社會的走向就會非常難。這個時代的特點是人們開始重視知識、文明也開始起步、資訊的傳遞還非常緩慢或被限制。到處是須開拓的路，而人群不知所往、橫衝直撞。所以你必須借助於全部的有利資源，包括但不限於優勢環境、優勢族群、自我強大的基因、優先把握的知識或技巧、及時的資訊傳遞等等。你可能要先天非常優秀、現實非常努力、機遇恰到好處才可能佔據權力頂端，否則，便只能被駕馭或驅使。

在文明時代，是人們逐步認識世界並建立社會秩序的時代，在它的初始，關於世界、關於人心、關於生命的意義和將來，如果一個人有更明晰、更充分、更正確、更深遠的認識和理解，那麼，借助於高速的資訊傳媒，他就能夠很快聚集人群，引領潮流，進而影響整個世界。——這個時代的特點是高度社會化、物質充盈和資訊技術發達，

國家由民眾共同治理，個人得到更充分的尊重，一切矛盾緩和，國家在民眾的共同治理下基本保持正確並健康的發展軌道。

　　將人類文明史分為四個時代，其實是為便於說明的，它們並不是各自階段出場，而是開始時逐漸疊加，後來漸漸把開始的部分吸收掉。用簡單的數字表示就是：

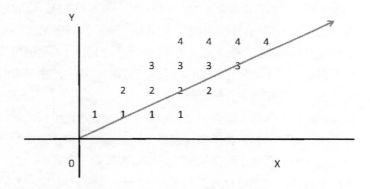

　　從無序到有序，從蒙昧到甦醒，人類文明的產生的確是很需要一些時間的，因為知識只能一點點得來，人類的動物劣性只能一層層磨去，前行的方向只能一次次調整，秩序的建立又須經過一輪輪的檢驗。

　　文明初始，諸物混雜，其實是最難前進的時候。你可能不得不從顛倒中分出真假、從眾寡中分出善惡、從清濁中分出美醜，戰勝並駕馭它。但「亂世出英雄」，愈是此時，倒愈是英雄建功立業的好時候。

　　很多人追尋生命的意義，但卻又有人說：人生沒有意義，那麼，如果有覺知，當我們承蒙了前人的恩賜，且寄望於後人的將來，這承前啟後，為將來打開一條光明的路，不是嗎？

　　況且，我們愛孩子。

後記

　　從當初動了這念頭，一心要揭開命運的老底，到現在已經十年了，其間的走走停停，一方面是因為自己的愚鈍，常常不知所往，另一方面則是因為自己的乏，不樂於表達。一兩個小段落，大凡有一點想法的，從醞釀到下筆，到反覆修改，不知要多少遍，而其實最後能留下來的，又不知多少分之一。——一直把最好的精力給它，更不計較於耗費了多少青春或耽誤了多少生計，就這麼堅持著，一直做，一晃就是十年。

　　——的確，結果只有這一點點，更可知這愚鈍的程度了！但值得慶幸的是我終於完成了，像卸下一個包袱或完成一個心願，心底是無比的寬慰和輕鬆，並且由此想，從此以後，我似乎的確可以輕鬆一點了。

　　要做這文字的原因，從最開始的當初，應該說是一言難盡的，但歸根結柢，終因不慣於這世間的黑暗、文明的落後、人心的不堪。不得不說當初是出於最為完美的好意吧，但現在拿出來的卻也許正是一些無用的垃圾，但是，隨它去吧。

文化生活叢書‧藝文采風 1306044

哲思的原點──甦醒小院

作　　　者	甦　醒
責任編輯	唐梓恩
特約校對	陳相誼

發 行 人	林慶彰
總 經 理	梁錦興
總 編 輯	張晏瑞
編 輯 所	萬卷樓圖書(股)公司

臺北市羅斯福路二段 41 號 6 樓之 3
電話 (02)23216565
傳真 (02)23218698

發　　　行	萬卷樓圖書(股)公司

臺北市羅斯福路二段 41 號 6 樓之 3
電話 (02)23216565
傳真 (02)23218698
電郵 SERVICE@WANJUAN.COM.TW
香港經銷
香港聯合書刊物流有限公司
電話 (852)21502100
傳真 (852)23560735

ISBN 978-986-478-932-0
2023 年 12 月初版
定價：新臺幣 280 元

本書為臺灣師範大學國文學系 2023
年度「出版實務產業實習」課程成
果。部分編輯工作由課程學生參與
實習。

如何購買本書：
1. 劃撥購書，請透過以下帳號
　 帳號：15624015
　 戶名：萬卷樓圖書股份有限公司
2. 轉帳購書，請透過以下帳戶
　 合作金庫銀行 古亭分行
　 戶名：萬卷樓圖書股份有限公司
　 帳號：0877717092596
3. 網路購書，請透過萬卷樓網站
　 網址 WWW.WANJUAN.COM.TW
大量購書，請直接聯繫，將有專人
為您服務。(02)23216565 分機 610

如有缺頁、破損或裝訂錯誤，請寄
回更換

國家圖書館出版品預行編目資料

哲思的原點 -- 甦醒小院 / 甦醒著. --
初版. -- 臺北市 ： 萬卷樓圖書股份有限
公司, 2023.12
　　面 ； 　公分. -- (文化生活叢書. 藝文
采風 ; 1306044)
ISBN 978-986-478-932-0(平裝)

1.CST: 哲學 2.CST: 人生哲學

100　　　　　　　　　　　　112014068